JN111638

らくらく売る人のアタマの中

営業・集客の心のブレーキの外し方

今井 孝

Takashi Imai

ぱる出版

売ることをほめられた体験

「営業は苦手でやりたくない」
「副業を始めたいけど自分が売るなんて想像できない」
「断られると胃がキューーっとなる」
「高いと言われると値引きしてしまう」
「新しいお客様とどこで会えるのか分からない」
「クロージングできなくて、すごすごと帰ってきてしまう」
「SNSで自分の商品を告知することに抵抗がある」

などということはないでしょうか？

もしそうだとしても、心配しないでください。
多くのフリーランス、起業家、営業マンは同じ思いをしています。

私自身も、何かを売る場面、大勢の前で商品の説明をする場面、迷っている人の背中を押す場面で、今でもちょっと躊躇《ちゅうちょ》してしまうときもあります。


そんな時に、いつも思い出す言葉があります。

それは以前、私が自分主催のセミナーの懇親会で書籍販売をしていたときのことです。

自分はお酒も料理もそこそこに、キャリーカートにいっぱいの本を、一人ずつ販売して回っていました。へとへとになりますが、少しでも仲間の出版した本を広めたいと思って売っていました。

すると、それを見ていた友人の女性が、私にこう言いました。


「えらいわねぇ。

こんな時までちゃんと営業してるなんて。

私も見習わなくっちゃ」


お酒が少し入って饒舌になっていた彼女は、私を心から賞賛してくれました。

売ることをほめられることはあまりないので、ものすごく嬉しく思いました。

そうか「売る」って大切な仕事なんだ。

もう少し頑張ろう！

私はそんな気持になりました。

それ以降、何かを売る場面で躊躇してしまいそうになったときは、彼女が言ってくれた、「えらいわねえ」という言葉を思い出すようにしています。彼女のニコニコした笑顔も一緒に浮かびます。

そうすると不思議と勇気が湧いてきます。

「売ることは重要な仕事だから、結果はどうであれ一生懸命やろう！」

という気持ちに切り替わるのです。

彼女のような人がもっとたくさんいれば、世の中で売ることに関わる人の心は、どんなに救われることでしょう。多くのフリーランス、経営者、起業家、副業をされている方、営業マンの方々を彼女に会わせたいとさえ思います。

しかし、残念ながら、彼女とはもう会えません。

若くして亡くなってしまったからです。

ですので、私は、あなたを彼女に会わせる代わりに本書を書きました。

彼女だけでなく、私に勇気をくれたたくさんの人々の言葉を、あなたに伝えたくて、この本を書いたのです。

その人たちの代わりに私があなたに言います。


「あなたはえらい！」


何かを売る仕事は本当に大変だと思います。苦労が絶えないと思います。そんな仕事を続けているなんて、もしくは、そんな仕事をやっていこうと志しているなんて、あなたは本当にえらいです。

あなたがいなければ何も始まりません。すべての活動の始まりは商品やサービスを使ってくれる人と出会い、買ってもらうことだからです。

あなたがいるから世の中は今日も動いているのです。

あなたがいるから豊かさが循環するのです。

9割の人は売ることが苦手

本書には経営者や自営業、フリーランスの方々、副業をされている方や始めようと思っている方、もしくは営業マンの方々に向けて、売ることがどんどん楽になる考え方を書きました。

これはまさに、**「売れている人の考え方」を網羅した本**です。

営業が苦手、自分で売った経験がない、SNS全盛時代になってマーケティングが苦痛で仕方がない、紹介に頼っている、ということであればお役に立てると思います。

今の時代は多くの人が「自分で売らなければならない立場」になることを避けて通れません。それを感じているからこそ、あなたは本書を手に取ったのでしょう。

豊かな人生を手にしている人とそうでない人の違いは、単刀直入に言えば売ることができるかどうかです。繰り返しになりますが、どんなことでもスタートはお客様に出会って買ってもらうことだからです。高度成長期でもない限り、待っているだけではお客様はやって来ません。ゼロからお客様を見つけ出し、あなたのもとに来てもらわなければ始まらないのです。

しかし、売るのが得意だという人はほんの一握りです。ほとんどの人は苦手です。

営業が得意な人は明るくて、人当たりが良くて、話がうまい、というイメージがあるかもしれません。また、最初から勇気や胆力を持っていて、どんな場所でも物おじせず言いたいことを言えて、チャレンジできる人のように見えます。生まれつきの才能なのだろうと思うでしょう。

しかし、そんな人たちはほんの1割です。

残りの9割は、後から売れるようになった人たちです。まったく普通の人たちで、口下手だし、人見知りだし、勇気もそんなにありません。それでも結果が出るわけです。

では、いったい、売れる人は何が違うのでしょうか?

これがあなたが売ることを邪魔している！

私はこれまで、自分の力で自由に生きていきたい方々のサポートをしてきました。お店や教室をされている方、自分の技術で生きていくフリーランス、自分の知識を教えている人、悩める人たちの相談に乗る人、人のサポートをする人、お気に入りの商品を販売している人など、多くの人がどんどん売れるようになっています。

しかし、最初から売ることが得意だった人はほんの一握りです。いくら営業や集客のテクニックをお伝えしても、9割の人は苦手意識が強くてなかなか行動してくれません。

しかし、あることをすると途端に売ることができるようになり、多くの人が売上を上げられるようになりました。

いったい何をしているのか？

それは、売ることへの心のブレーキを外す、ということです。

この心のブレーキは専門用語では**「メンタルブロック」**といいます。要は行動を阻害する思い込みのことです。

心の中で「売り込みをしたら嫌われる」とか「集客なんてカッコ悪い」という思い込みを持っていると、本当に売れなくなってしまうのです。

このメンタルブロックは潜在意識の中に潜んでいますので、自分で取り除くことは難しいかもしれません。

売ることを通じて感謝される人になる

しかし、安心してください。

そのためにこの本を書いたのですから。

本書を読むことで、あなたの心の中にある「売ることに対する悪い思い込み」がどんどん取り除かれていきます。

そして、売ることが重要な仕事であり、お客様のお役に立つためであると思えるようになると、どんどん売れるようになります。そして、多くの人に感謝され、あなたの周りはお客様でいっぱいになることでしょう。

そのために本書は、たくさんの事例を使って感情に訴えかけるように構成されています。


まず序章では、メンタルブロックの基本的な解説をしていきます。

メンタルブロックが構築されていく原因や、取り除くための方法をご紹介します。

また、売ることに関する8大メンタルブロックを大まかに解説していきます。

そして、第1章から第8章までで、**8大メンタルブロック**を一つずつ解説していき、その具体的な思い込みの例を解説し、そのメンタルブロックを書き換える考え方とテクニックをご紹介します。

たくさんの人に貢献できる喜び

実は私自身も売ることが苦手で、起業1年目は数百万円の大赤字でした。

しかし、メンタルブロックを取り除くことで売れるようになり、３００人規模のセミナーを10年連続で主催しました。その実績を知った人に請われているうちに、私が講師として登壇する講座には、たくさんの人が来てくれるようになりました。

私だけでなく、たくさんの人が売ることの苦手意識をなくして、たくさんのお客様に囲まれています。赤字から数千万円の売上にV字回復した学習塾、1社400万円の研修を受注している製造業のコンサルタント、毎年100人以上の生徒さんを集めるアロマの先生、1年先まで予約が入る旅館など、さまざまな方が成果を上げています。


売れるようになって収入が増えるのも嬉しいですが、多くの人に自分が貢献できることはさらに大きな喜びです。自分の力で誰かを幸せにできるのですから。

本書を通じて売ることに対する苦手意識を消せば、あなたはたくさんの人に貢献し、幸せを提供することができるようになるでしょう。

その時には、世界はもっともっと素晴らしい場所になっているはずです。


さぁ、ページをめくって、らくらく売る人に生まれ変わりましょう。

◎目次

第1章 失敗が気にならなくなる考え方［失敗への恐怖］

第2章 売ることの罪悪感はこれで消え去る［欠乏感］

第3章 他人を気にせず自分の道を歩むには？［他人の評価］

第4章 あなたに価値がある理由［無価値感］

第5章 自分がすでに完璧であることを知る［完璧主義］

第6章 本当の意味で楽に成功するには？［楽したい気持ち］

第7章 自分で正解を見つけられる方法［確実性］

第8章 急がば回れが一番早い！［短期的］

序章

売ることが苦手になる理由とは？

売れている人は実は普通の人

お客様に愛されて、どんどんお客様が来てくれる。

自分の商品やサービスの売上が増えて、もちろん収入も増える。

営業マンの成績がぐんぐん上がって給料も上がる。

なにより、お客様に喜ばれて感謝される。


そんなふうに売れるようになったら良いと思いませんか？


「でも、自分は営業とか集客は苦手なんだよな……」

と、思っている方も安心してください。

売ることに苦手意識がある人でも、ちゃんと売れるようになります。

私のクライアントの多くも「売るのが苦手」と言っていましたが、どんどんうまくいくようになりました。

・普通の主婦でビジネスをしたこともなかった人が、１００人以上の人を体験講座に集客し、20万円の料理教室を10人以上の人に販売することができました。
・10年間売れなかったアロマの先生が、毎年１００人以上の生徒さんを集め、さらには出版するほどになりました。
・ママ友しか来なかったカフェに、週末には１００人が集まるようになりました。
・顧問先がゼロ件だった製造業のコンサルタントがゾクゾクと顧問先を増やし、１社４００万円の研修を受注するほどになりました。
・集客なんてやったことのなかった中国語講師が１００人のイベントを成功させることができました。
・赤字に陥っていた地方の学習塾がV字回復して、数千万円の売上を上げることができました。
・ガラガラだった旅館が、１年先まで予約が入る人気になりました。
私自身も元々は普通のサラリーマンだったのですが、独立起業2年目から主催し始めたセミナーに10年連続で年2回３００人の方に来ていただけるようになりました。

当時は裏方で集客をしていたのですが、今は自分が講師として人の集め方や商品の売り方を講座で教えるようになり、毎年１００人以上の方に集まってもらっています。

そのような話をすると、

「ぜひ、その集客方法や営業のテクニックを教えてください」

と、多くの人は言います。

そう思った方は、ちょっと待ってください！

集客や営業の方法をお伝えしたら、あなたは本当に成果を上げるのでしょうか？

というよりも、そもそも、お伝えした方法を実行するのでしょうか？

その営業・集客ノウハウ、やりますか？

「結果が出た方法を聞きたいですか？」

と言うと、誰もが聞きたいと言います。

なぜなら、「やり方」さえ知ればうまくいくと思っているからです。

しかし、いざ、そのやり方を教わっても、行動に移さなかったことはないでしょうか？


「ＳＮＳはやってみたけど集客につながらなかった」

「えっ？　自分でポスティングなんてしているの？」

「もっと楽な方法だと思っていた」

などとガッカリするからです。


そして、こうも思ってしまうかもしれません。

「普通のことしか教えてくれない」

「もっと簡単ですぐに結果が出る方法があるに違いない」

「成功している人しか知らない特別なことを教えて欲しい」

しかし、そういう考えで本を読んでも、学びに行っても、成功している人に話を聞きに行っても、何年たっても一向に「画期的で特別な方法」は見つかりません。

それもそのはずです。**売れている営業マンや、成功している社長さんは特別なことをしているわけではないからです。**

冒頭でご紹介した私のクライアントたちも、もちろん私も特別な売り方をしているわけではありません。

・SNSに投稿したりブログを書く
・チラシを配る
・交流会で新しい出会いを作る
・紹介をお願いする
・広告を出す
・展示会に出展する

といった、何かを売っている人なら誰でも思いつく、普通のことをしているだけなのです。それでしっかりお客様が集まり、売上が上がっているのです。

では、やっていることは同じなのに、成果が出る人と出ない人がいるのはどうしてでしょうか?

それは「やり方」の問題ではなく、「感情」の問題だからです。

同じやり方で売れない当たり前の理由

あなたは、商品やサービスを売ると考えたときに、どんな感情が湧いてきますか？

「SNSはいろんな人に見られているようで怖い」
「文章を書くのに時間がかかって気が重い」
「自分でチラシをまくなんて疲れそう」
「交流会は疲れるだけで意味がない」
「広告はお金がかかるから嫌だ」
「セールスして断られたらどうしよう」

このように、売ることをイメージするとイヤな気持ちになる人は本当に多くいらっしゃいます。多くの人は集客や営業はやりたくないのです。

そんな気持ちなのでなかなか行動に移せません。

まさにそれが、結果が出ない原因です。

嫌だから行動しない。

行動しないから結果が出ない。

本当にシンプルです。

そして、「他に良い方法はないか」と探し続けると、ずっと結果が出ないままになります。

それがいわゆる「**ノウハウコレクター**」**という状態です**。

一方で、**成功する人は行動しています。別に特別なことをやっているわけではありません。誰でも知っているようなやり方を結果が出るまで続けているだけなのです。**

やってみると分かりますが、一定量の行動をすれば結果は出るものなのです。

さて、この話を聞いて、あなたはどういう印象を持たれましたか？

スパルタ式の「契約が取れるまで帰ってくるな！」「歯を食いしばってやり続けろ」という体育会系の営業のイメージでしょうか？

いえいえ、本書でお伝えしたいことは、そういう話ではありませんのでご安心ください。

そうではなく、

「そのやり方が嫌ではなくなったらどうですか？」

というまったく新しい発想なのです。

売れる人が目指すべきゴールとは？

売れている人は、歯を食いしばって嫌なことをやり続けているのでしょうか？　嫌なことも我慢できる強靭なメンタルを持っているのでしょうか？

そういうことではありません。

実は、売れている人は、それを楽しんでいるのです。本当に楽しそうに、呼吸をするように集客・営業をしているのです。


SNSでの投稿や交流を楽しんでいます。

ブログなどに文章を書くこと自体を楽しんでいます。

交流会での新しい出会いを楽しんでいます。

ネット広告を攻略することを楽しんでいます。

テレアポの電話を鼻歌交じりにかけています。

そうなのです。売ることは楽しいことだと思っています。

さらには、自分が商品やサービスを広げることで助かる人がいる、そして世の中が良くなるとまで思っています。

つまり、**売れるためのゴールは、「売ることを楽しめるようになること」**なのです。

想像してください。もしあなたが、売ることへの苦手意識を消し去り、売ることに夢中になるくらい好きになれたらどうなるでしょうか？

営業で断られても、ＳＮＳやブログなどで告知をして反応がなくても、それ自体が好きなのでずっとやり続けられます。

そして、やり続ければ、結局は人が集まるし売上が上がります。

しかし、そんなふうになれるのでしょうか？

はい！　大丈夫です。**人は売ることを楽しめるようになります。**

「SNSが苦手」と言っていた人たちが、どんどん投稿しています。

「交流会が嫌い」と言っていた人が、いろんな場所に顔を出しています。

「ブログやメルマガなんて続かない」と言っていた人たちも、毎日のように書いています。

「営業は気が重い」と言っていた人たちも、お客様のために提案活動をしています。

「大勢の前でプレゼンできない」と言っていた人たちが、セミナーを開催して講師として登壇しています。

やってみたら嫌じゃなかった、それほど苦にならなくなったという意見がほとんどです。

いったい、どのように考え方や意識を変えていったのでしょうか？

その前に、「売ることが嫌いになる原因」をひも解いていきましょう。

なぜ、売ることを嫌いになるのか？

まず、そもそも売ることが嫌いになる原因について考えてみましょう。

実は、この原因は心のブレーキであり、専門用語では「メンタルブロック」と呼ばれるものです。

メンタルブロックとは、「行動を妨げる思い込み」のことです。

例えば、このようなものです。

「営業をしたら嫌われる」

「SNSに投稿すると業界の人がいろいろ言ってくる」

「ブログに間違ったことを書くととんでもないことになる」

「簡単に集客できるチラシの書き方があるはずだ」

「イベントがガラガラだと恥ずかしい」

「実績がないから売れない」

「誘っても断られるのは自分に価値がないからだ」

これらがメンタルブロックを言語化したものです。

こういった思い込みがあれば、やはり行動を躊躇しますよね。

もう少し、**「思い込みと結果の関係」**を解説しますと、左の図のようになります。

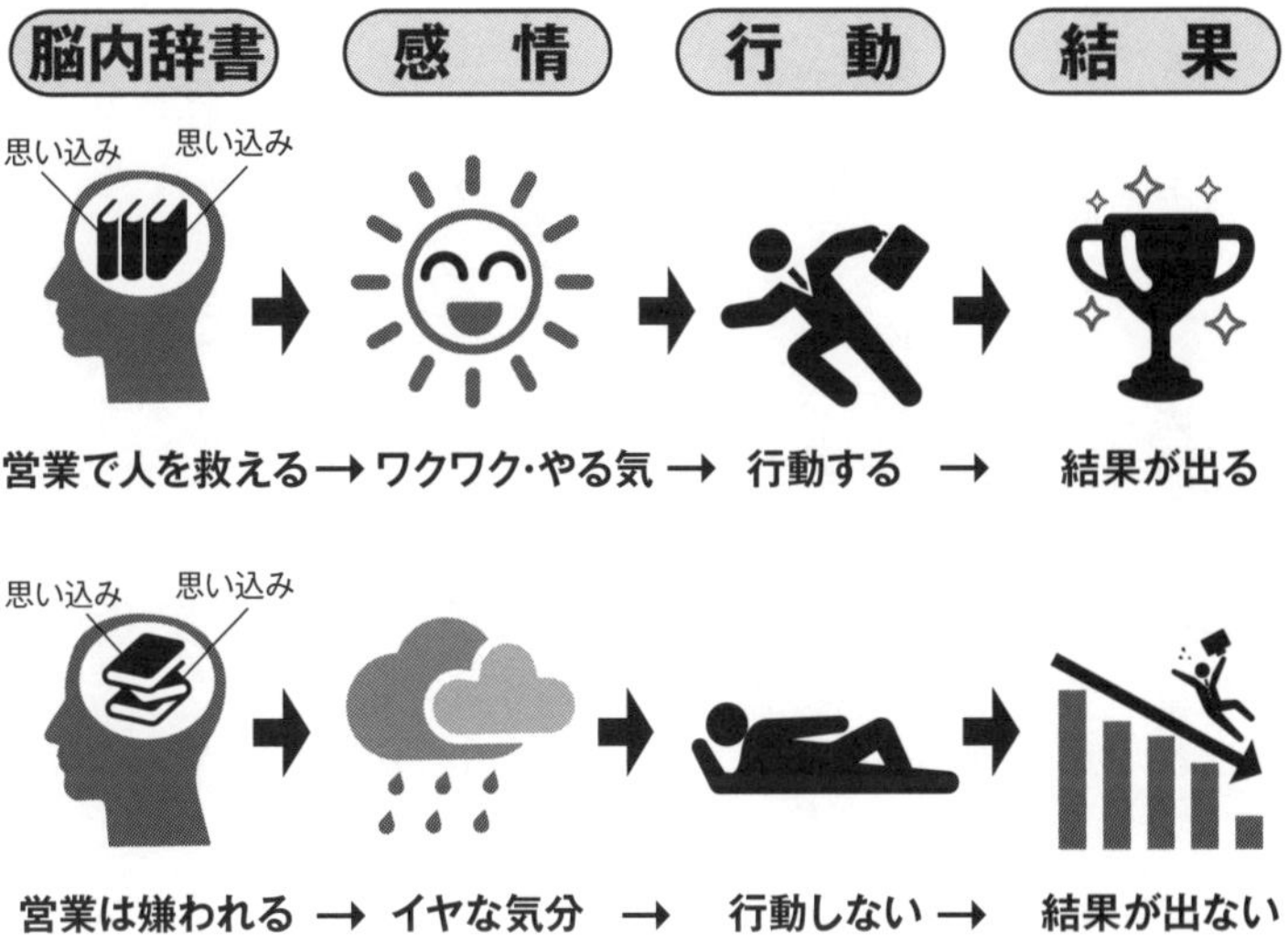

先述の通り、

「嫌だから行動しないから結果が出ない」

というのが結果が出ない場合の因果関係でした。

一方で、

「楽しいから行動する」

「行動するから結果が出る」

というのが結果が出る人の場合です。

つまり、**「結果」を出すためには「行動」が必要であり、その「行動」のためには「行動したい！」という「感情」が必要なのです。**

人は「やりたい」という感情がないと行

動に移せません。人間はロボットではありませんので、決められているからとか、スケジュールだからというだけでは行動できません。自分の感情がワクワクしたら主体的に行動するし、嫌だなと思ったらサボったり、やらないようにできています。

では、その「感情」はどのように湧き上がってくるのでしょうか。

それは、一人ひとりがアタマの中に持つ**「脳内辞書」**によってです。

脳内辞書は、私が作った言葉ですが、あることがらに対する感情が記録された辞書のようなものです。

この脳内辞書は人によって異なります。

例えば、「ジェットコースター」と聞くと、あなたはどんな気持ちになるでしょうか？

「楽しそう」と思う人もいれば、「怖い」という人もいます。こういう違いです。

「楽しい」と思う人はジェットコースターに乗るでしょうし、「怖い」と思う人は乗ろうとはしないでしょう。

このように、**脳内辞書にどう書かれているかによって、感情が変わり行動も変わるということです。**

もう一つ、「ダイエット」という言葉はどうでしょうか？

私の場合は、この言葉を聞くとネガティブなイメージが湧いてきます。「運動しないといけない」「食事を我慢しないといけない」と、ちょっと嫌な気持ちになります。

一方で、知人のある男性は、「ダイエット」という言葉を見て、一言、**「ダビデ像」と言っていました。**

私は最初、意味が分からなかったのですが、詳しく聞いてみると、「ダビデ像のようにスリムで筋肉質でカッコいい体になる」というイメージが彼の頭の中でパッと浮かんだというのです。そして気分はワクワクです。実際、その彼の体型はスリムで筋肉質です。

つまり、根本的には脳内辞書の違いで、結果がガラっと変わってしまうということです。

この脳内辞書にある、たくさんの行動を妨げる思い込みが「メンタルブロック」の正体です。

これが、売ることに対してだったらどうでしょうか？　**売ることをイメージすると「嫌われる」と思うか？　それとも「人の役に立てる」と思うのかで、まったく結果が変わっ**

てくるということが分かると思います。

「メンタルブロック」を早く書き換えて、売ることへの悪いイメージをなくしてしまえたら素晴らしいですよね。

なぜメンタルブロックができるのか？

では、なぜ、メンタルブロックができるのでしょうか？

まず、一人ひとりの脳内辞書はどうやって出来上がるのかというと、それは**過去の記憶の蓄積**によってです。今まで生きてきた記憶の蓄積が脳に刷り込まれてきて、脳内辞書に刻まれていくのです。

成功体験、ほめ言葉、名言などの良い記憶が蓄積されると、脳内辞書も良い意味づけのものばかりで埋め尽くされます。

一方で自分の嫌な体験や、他の人の言葉によって、脳内辞書が悪く書き込まれていけば、メンタルブロックになっていきます。**つまり、メンタルブロックの原因は「悪い記憶の蓄積」なのです。**

「営業なんてペコペコしないといけなくて嫌われる仕事だよ」

「集客しないと客が来ないなんて恥ずかしい」

「SNSを使ったら、変な人からメッセージが来た」

というような言葉がどんどんメンタルブロックを作り込んでいくわけです。


では、メンタルブロックはいったん蓄積されると取れないのでしょうか？

いえ、安心してください。記憶は、後からの記憶で上書きをすることができます。良い**記憶を刷り込んでいけば、メンタルブロックは徐々に消すことができます。**


それに関して、私の大きな気づきになった経験があります。

ある時、私は地方にセミナー講師として呼ばれ、その後の懇親会に参加していました。

懇親会では多くの人が、

「この地域は不景気なんです。東京はまだ良いですよね」

という話題をされました。

私はそれを聞いて、素直に「そうか不景気で大変なんだな」と思いました。

ちょっと疲れたので壁際の椅子によいしょと座ったときに、やって来た人がいました。

スーツをビシッと着た初老の男性です。

そして、その男性は小声で私に話しかけてきました。

「今井さん、私は長いこと経営コンサルタントをやっていますが、ずっと2千万円ぐらいの収入があります。**不景気といっても2割くらいの会社は儲かっているし、どんな業界でも儲かっている会社は儲かっているものです**」

彼はそう言って微笑みました。

その言葉を聞いた瞬間、私の中で世の中の見え方がガラッと変わりました。

すべての会社が低迷しているイメージが消え、一部の会社が元気に活躍しているイメージに変わりました。そして、どんな状況でもうまくいっている人はうまくいっているのだから、不景気という言葉に流されてあきらめてはいけないと思いました。

もし、その男性の言葉を聞いていなかったら、「不景気だから儲からないのは仕方がない」と思い込んで行動をやめるようになっていたかもしれません。

多くの人はそうやって「うまくいかない現実」を作り出してしまうのです。

テレビでもネットニュースでも、ネガティブな情報が溢れています。周りにネガティブなことを言う人もいるでしょう。

「不景気だ」「そんな商品は売れない」「そのビジネスは難しい」というようなネガティブな情報を受け取って、どんどん洗脳されて、メンタルブロックができてしまうわけです。

それに対して、**結果を出している人は、ネガティブな情報を脳内辞書に書き込まないように気を付けています。**意味もなくニュースを見ませんし、ネガティブな会話にはなるべく参加しないようにします。

そして、行動を促進するような情報をどんどん取り込み、成功者の脳内辞書をどんどんインストールしています。

それに、うまくいっている人同士で一緒にいるので、「こうやったら効果があった」というようなポジティブな情報をやりとりします。また、誰かが失敗しても、「ナイスチャレンジ」と称え合います。ですので、悪い思い込みがなかなか入り込みません。

ただし、そういう結果を出している人の考え方は、なかなか世の中に出回りません。なぜなら、そういう人たちは世の中全体に対してわざわざ啓蒙しようとはしないからです。

そんな面倒なことはせず、初老の男性がしたように、こっそりと分かってくれそうな人だけに伝えるのです。

成功者のマインドを学んだ日々

本書は、たくさんの人を集め、商品やサービスをどんどん売っている人が持っている脳内辞書を、私が時間をかけて調査し体系化したものを書き記したものです。


実は、私はセミナー業を始めた当初、それこそスパルタ式の集客をしていました。

本当に必死に歯を食いしばって、50人、100人と集まってくれるようになりました。

しかし、年に数回セミナーを開催していたので、その回が満席になってホッとしたのも束の間、「また集客しなければならない」という苦しさに追われていました。売上が上がっていたとしても、これを10年も20年も続けるのかな？　と思ったらゾッとしました。

「こんなの成功じゃない!!」

と思い、そこからは集客のノウハウだけではなく、人間心理についても勉強しました。

たくさんの成功している経営者の方々にお会いし、多くのコンサルタントに学び、本も教材もたくさん購入して勉強しました。そしてようやく、メンタルブロックを取り除くことができ、商品やサービスを売ることを楽しめるようになったのです。

そして、主催していたセミナーに毎年３００人集まってもらえるようになり、それを10年続けることができました。その実績のおかげで、今では私自身が講師として講座に登壇するようになりました。

当時、売ることへのメンタルブロックを体系的に教えてくれる人はいませんでしたので、本当にたくさんの人から少しずつ学ぶしかありませんでした。

また、成功している人にはそもそも苦手意識が最初からなかった人もいるので、その考え方を言語化していません。私が彼らを観察して、ちょっとした言葉の端々から彼らのアタマの中にある考え方を学ぶしかありませんでした。

そのため、このように体系化するまでに数年かかりました。

そうやって時間をかけて必要なエッセンスを抽出し、ようやく売ることに対する**「8大メンタルブロック」**として整理することができました。

ですので、あなたは私のように**膨大な時間もお金もかけなくても、本書を読んでいただければ、成功している人の考え方をインストールすることができるのです。**

売ることに対する「8大メンタルブロック」

売ることへのメンタルブロックにはさまざまなものがありますが、代表的なメンタルブロックを私は次の8つに分類しました。

- **失敗への恐怖**
- **完璧主義**
- **欠乏感**
- **楽したい気持ち**
- **他人の評価**
- **確実性**
- **無価値感**
- **短期的**

これらのメンタルブロックを取り除くことで、どんどん成功者の脳内辞書に書き換わっていき、売ることを楽しめるようになります。

一つずつ簡単に解説していきます。

・失敗への恐怖

まさに、失敗を怖れる気持ちです。これが行動を妨げます。

多くの人はまったく失敗することなく、自分の望む結果を得たいと思っています。ですので、そもそも失敗の経験も少ないし、失敗への免疫もできていません。

そうすると、失敗をイメージしたときに、「売れなかったらどうしよう」「赤字になったらどうしよう」と、ものすごく大きな恐怖心が湧いてきて行動がストップしてしまうのです。

・欠乏感

これは、必要なものが足りていないという感覚です。

もっと具体的に言えば、「お金が足りない」「売上が足りない」という気持ちです。

この感覚を持っていると、**「仕事をしているのは、足りないお金を得るためだ」**という意識になります。

その意識が過度になると「自分が仕事をしているのがお金のため」「目の前の相手から

お金を奪おうとしている」「自分は相手から奪うためにビジネスをしている」と考えるようにもなります。
それは心の中に強い罪悪感を生み出し、行動をストップしてしまいます。

・他人の評価

「他人からどう思われるだろうか」と、過度に気にしてしまって動けなくなる、という人も多くいらっしゃいます。

「批判されたらどうしよう」「間違いを指摘されたらどうしよう」「バカにされたらどうしよう」と、**とにかく周りの目ばかり気にしてしまい、行動のスピードがどんどん遅くなってしまいます**。

意識が「成果を上げる」ことではなく、「批判されないこと」に向いてしまっているので、予防線を張ったり、理論武装をしたりすることに時間を取られてしまうのです。

・無価値感

これは「自分になんて価値がない」という気持ちです。

「自分の商品なんてたいしたことない」「他の会社と比べて価値が低い」などと、自分の商品やサービス、そして**自分自身に自信が持てないので売ることを躊躇してしまうというわけです。**

「もっとちゃんとしてから」「もっと腕を磨かなければ」という思考になって、どんどん売ることが後回しになってしまいます。

・完璧主義

人はさまざまな面で完璧主義に陥ります。

「商品をもっと改善したい」「チラシがいまいち」「WEBサイトの記載が不十分」など、さまざまなことが気になってしまって、「もっと良くなってから」と行動を後回しにして、完璧になるまでスタートしないのです。

しかし、完璧というものはこの世には存在しません。ですので、いつまでも動けないということになってしまうのです。

・楽したい気持ち

「楽して稼ぎたい」というのも行動を止める大きな原因です。

この意識では、お客様に対して価値を提供するという気持ちが持てません。少しでも面倒なことがあると、途端に嫌になってしまいます。そして、「もっと簡単な方法はないのか？」と、別の方法を延々と探し続けるということになってしまいます。

・確実性

成功までの道のりが分かっていないと動けないというときは、確実性を求めすぎているのかもしれません。

「これで正しいのか？」「これで合っているのだろうか？」と、ずっと正解を探し続けてしまい、時間を消費していきます。

「確実に成功する」と分かってからスタートしようと思っていると、ほとんどの場合はスタートすることができません。ビジネスはその時の状況に左右されますので、確実ということはあり得ないからです。

・短期的

結果の出ない多くの人は「早く成功したい」と思っています。

このような短期的な視点で行動していると、やはり行動がストップします。なぜならば、ビジネスの多くは短期的には結果が出ないものだからです。

短期的な結果を求めていると、結果が出ないとすぐに嫌になってあきらめてしまいます。

そして、目新しい方法に飛びついて、またうまく行かないと途中で放り出すということを繰り返してしまうのです。


以上が8大メンタルブロックです。

いかがだったでしょうか？　思い当たることはあったでしょうか？

集客や営業で躊躇してしまうことがあれば、きっとこのうちのどれかのメンタルブロックに当てはまっているはずです。

本書を読み進めて、そのメンタルブロックを取り除いてください。

本書の使い方〜読むたびにメンタルブロックが消えていく！

次の章からは、このメンタルブロックを各章で一つずつ取り扱っていきます。

たくさんの事例とそのエピソードを読んでいるうちに、どんどんメンタルブロックが解消されていくことでしょう。

もちろん、1度読んだだけでは取り除けない、深く刻まれたメンタルブロックもあると思いますので、何度も読んでいただくことをお勧めします。

次の3つのことを意識して読んでいただければ、本書の効果がより高まります。

①イメージを刷り込み感情を味わう

メンタルブロックを取り除くためには、感情を味わい、意味づけを変えていく必要があります。

そのために、本書では理屈だけではなく、たくさんのエピソードをご紹介しています。

ぜひ、先人の経験を自分ごととして追体験し、湧いてくる感情を味わってください。

②心（脳）は少しずつ変わるので焦らずに繰り返し何度も読む

メンタルブロックというのは、私たちの心であり感情です。脳内辞書を書き換えることで、その感情が変わるわけです。

脳内辞書を書き換えるということは、要は脳の神経回路の新しいつながりができるということです。

ただし、神経回路がすぐに変わるわけではありません。私たちは生き物ですので、変化が起こるには相応の時間がかかるのです。

これは筋トレと同じです。**いきなり100kgのバーベルは持てませんが、毎日鍛えていけば最後にはものすごい重さを上げられるようになります。**

脳内辞書も少しずつ書き換わっていきますので、すぐに感情が変わらないからといって焦らないでください。ぜひ、本書を何度も読み返してみてくださいね。

③小さく行動してみる

メンタルブロックが外れて来たと感じたら、少しずつ小さな行動を取ってみましょう。

その行動がうまく行けば、小さな成功体験を積むことができ、メンタルブロックがより早く解消していきます。

ただし、いきなり大きなチャレンジをしないように注意してくださいね。

では、本書を読み進めて、８大メンタルブロックを取り除いていきましょう。

一度通読してからは、ご自身が必要と思う章を重点的に読んでいただければ結構です。

さあ、ページをめくってください。

第1章

失敗が気にならなくなる考え方［失敗への恐怖］

開業届を出しに行った日の思い出

その日、私は開業届を出すために税務署に向かいました。

会社を辞めて収入もほとんどなく、焦りばかりの毎日でした。

その日も慌ててしまい、駅から税務署までのほんの少しの距離なのに、道に迷ってしまいました。

これはまずい、一旦落ち着こうと思い、私はタクシーを拾いました。


タクシーの運転手さんはお話し好きで、私が会社を辞めて起業するという話をしたら、私の歳を聞いてきました。

32歳だと答えると、

「いいねぇ、これからだね。

その歳だったら、いくらでもやり直せるね」

と言ってくれました。

何気ない一言でしたが今でもありありと覚えています。

勇気をもらえて、心が温かくなった気がしました。私の不安を消し去りエネルギーを与えてくれました。

「失敗してもいくらでもやり直せるのか」

心の中でそう思いながら、私はタクシーを降りて開業届を出しに行きました。

振り返って、今思うのは、やり直すことは若者の特権ではないということです。

何歳になっても、人生やビジネスは失敗の連続です。**失敗にしっかり向き合った人ほど、そこから学んでやり直し、結果的には理想の人生を手に入れています。**

あなたはどうでしょうか？　失敗を気にして止まっていることはないでしょうか？

この章では、多くの人の行動を止める「失敗に対する恐怖」について、考えていきます。

何度も読むうちに、「失敗なんてたいしたことはない」と思っていただけるようになれば嬉しいです。

結果を出すための唯一の方法

起業当時、セミナーに人が来ないということがたびたびありました。

作った商品が売れないということもよくありました。

チームを組んだ人との相性が悪くて、関係を解消したこともありました。

40万円を投入した広告で、回収が3万円ということもありました。

セミナー中に罵声を浴びせられたことも1度ありました。

人に迷惑をかけたことも何度かありました。


このように、**私のビジネス人生は失敗だらけで間違いだらけです。**

本に書くのはちょっぴり恥ずかしいですが、それが真実です。

同じように、周りの成功している経営者やすごい成績の営業マンを見ても、みんな失敗だらけです。完璧な人間は見たことがありません。誰もが集客で失敗し、営業で断られ、お客様に満足してもらえずクレームをもらっています。本当ですよ！

つまり、失敗するのが普通なのです。

なぜならば、あらかじめ正解は決まっていないので、結果を出すためには、たくさんの失敗をするしかないからです。

周りの経営者たちは、みんな失敗を繰り返しながら自分を進化させています。

なぜ失敗がそんなに怖いのか？

しかし、多くの人は「失敗したくない」と思います。

その気持ちが、売ることにブレーキをかけてしまいます。

「とにかく失敗しないように」

「1回でも失敗したら終わり」

「とりあえず安全サイドに倒す」

と考えて、行動を止めるわけです。

失敗を極端に避けようとする原因は、学校教育やサラリーマン経験なのかもしれません。

うまくいっても何も言われず、ミスすれば大きくバツをつけられる。そんな経験を多く積んでいると、無難に過ごそうと思ってしまうのです。

しかし、「失敗が怖い」と感じるのが生まれつきの性格ではなく今までの環境が原因であれば、**今からでも変わることができる**ということです。

実際に私のクライアントさんたちも、失敗への耐性を少しずつつけていき、だんだんと失敗が平気になりました。あなたもきっと失敗が怖くなくなります。

結果を出す人が目指しているものは？

多くの人は無意識に「失敗しないこと」を目指してしまいます。

ですので、ぜひ、意識してそのゴールを変えてください。

繰り返しになりますが、売ることには失敗が欠かせません。1回も失敗することなく成功することは不可能なのです。

ですので、目指すべきは、**「失敗をリカバリしながら進められるようになること」**です。

失敗しても、そこから立ち上がれば良いのです。失敗したらやり方を見直して、もう一度チャレンジする。間違えたら訂正して、迷惑をかけた人には謝る。

失敗しても、あきらめずに何度も何度も挑戦し続ける人は、見ていてカッコ良いと思いませんか？　ぜひ、それを目指して欲しいのです。


「でも、失敗したらショックが大きい」と言う人もいると思います。

まさにそうなのです！　**失敗が問題なのではなく、「失敗のショック」が問題なのです。**

つまり、ショックを小さくできれば、いくら失敗しても平気でいられるのです。

では、そのためには、どう考えれば良いのかということを解説していきます。

失敗に強くなれる7つの考え方

失敗なんて気にせず、何度もチャレンジできるようになるにはどうするか？

それは、**「失敗」に対する意味づけを変える**ことです。

そのために、ここでは7つの考え方をご紹介します。

①失敗がない方がおかしい

私は会社員時代、システム開発の仕事をしていました。そこで学んだことの一つが、

「失敗がないと何かおかしい」

ということでした。

システム開発の最後には、実際にデータを入力してみて、システムが正しい動きをするかどうかをテストします。その際に見つかった欠陥（バグ）は、毎日カウントされて記録されます。

テストが進むにつれて、1日で見つかる欠陥の件数がどんどん増えていき、そして、ピークを越えるとだんだんと減っていきます。

この時、もし最初から、欠陥の数が少なくても誰も喜びません。

「今回は、少ないミスで開発できた」ということにはならず、**「テストのやり方がおかしい！」**と判断されるのです。

欠陥の件数が少ないときは、誰かが隠蔽しているか、テストのやり方が間違っているか、何かがおかしいのです。

ですので、ＩＴ技術者が失敗を隠さないために、**「メンバーには失敗する権利がある」**と教え込まれます。安心して失敗して、でもしっかり修正をして、最終的にシステムが完成していくわけです。

これは、売ることにおいても同じです。必ず失敗は起こります。

日々、セールスで断られたり、クレームをもらったり、いろんなことが起こります。慣れてくると同じ失敗は減ってきますが、**新しいことにチャレンジしていれば、必ずまた何かの失敗はあります。**

一番クレームの多い営業マンは、結局は一番成績を残しているのです。

もし、失敗が起こっていなければ、それはおかしいと思ってください。何もチャレンジしていないのかもしれません。

②そんなに失敗じゃない

得意先に契約を解除されたらどうしよう、クレームが来たらどうしよう、商品がまったく売れなかったらどうしよう。そんなことになったら、「もう終わりだ」と思ってしまう方もいると思います。

しかし、そんな失敗は日常茶飯事です。多くの場合たいした問題にはなりません。たかが1人に断わられただけで、たかが1件の契約を失っただけで、この世の終わりのように深刻になる必要はありません。

私の知り合いには、会社を倒産させた人も、大きな借金を抱えた人もいます。

会社を倒産させたことのある社長さんには、「あの時はお先真っ暗になったね。まぁ、一瞬だけですけどね」とおっしゃっていました。

5億円の借金をした方は、「そんな金額、払えるわけないからね」と、ケロッとした顔で話してくれました。もちろん、その時は多くの人に迷惑をかけて、悩まれていたと思います。

しかし、**分かったのは、真っ暗な期間は短いらしいということです。**

そんな失敗からも立ち直って復活できるのですから、日々の集客や営業の失敗やクレームなんてたいしたことはないのです。

そういえば私も受験で失敗したときに、「人生終わった」と思いましたが、それから数十年生きています。

③営業は断られてから、集客は失敗してから

「営業は断られてから」という言葉がありますが、それは本当です。

私の友人が広告代理店の営業マンだった頃、あるクライアントを引き継ぎました。

初回の訪問のときからそのクライアントは不機嫌そうな顔でした。

恐る恐る話を切り出すと、

「あんたらにはもう頼まない」

と、なんと、いきなり怒りモードでした！

前任者はたぶん何かをやらかしたのでその顧客を自分に引き継いだのでしょう。そんなことは一言も聞いていませんでした。

しかし、泣き言を言っても仕方ありません。クライアントを失うのは覚悟で、相手の言い分をすべて聞くことにしました。

「今日はもう営業はいたしません。良かったら、弊社のどこが悪いのか、洗いざらいお聞かせいただけないでしょうか？」

そういうと、クライアントは延々と1時間近く会社への文句を話し出しました。

胃の痛みを感じながら話を聞き終わり、その場を立ち去ろうとしたら、

「やっぱりあんたにお願いするよ」

とクライアントの部長は言ってくれました。

そのクライアント企業とは、数年後に最も大きな取引額になったそうです。


営業で断られることやクレームは必ずあります。

渾身のチラシやWEBサイトを作って、まったく集客できないこともあります。

高いお金をかけて広告を出しても、1件も問い合わせがないこともあります。

それがほとんどではないでしょうか？　最初からうまくいくことの方が少ないですし、せいぜい1割ぐらいの確率だと思います。

ですので、うまくいかないところがスタート地点です。

売るというのは、失敗からどう挽回していくかという競技なのです。

④失敗から得られるものがある

失敗は悪いことばかりではなく、良いこともあります。

例えば、失敗を通じて新しいノウハウがたまることがあります。

ある時、整体院の経営者が骨盤を補正する下着を開発しました。

しかし、大問題が発生します。誘われて出してみた海外での販促キャンペーンで、予想をはるかに下回る発注しか得られなかったのです。そして、大量の在庫の山。広告費、商品の原価、保管料、そんなことを考えるとかなりの赤字になってしまいます。値下げしてもそこまで数が出るわけでもないし、値崩れを起こしてしまいます。

一瞬は途方にくれましたが、気を取り直して対策を考えました。SNSでつながっている友人や既存のお客様に向けて、「困っているので助けてください！」という呼びかけをしたのです。そして、期間限定で通常の半額で下着を販売しました。

すると、友人たちが2枚、4枚と買ってくれて、投稿もシェアしてくれ、あれよあれよと在庫が売れてしまいました。

その体験を通じて、彼はSNSで商品を販売するノウハウを獲得することができました。

ただ商品を売るのではなく、どうしたら人の感情を動かせるのかということを学んだわけです。

失敗や困難やトラブルはどんな人にも必ず起こります。

そこであきらめると終わりですが、あきらめずに試行錯誤して学んだ人は、他にはないノウハウを手に入れ、ビジネスを大きくしていくことができます。

そして、その困難を乗り越えたという自信は、さらに自分を大きくしてくれます。

⑤「失敗すると人が離れる」は勘違い

失敗するとみんなに笑われる、仲間が去っていく、上司からは怒られると思っている人も少なくありません。しかし、それは勘違いです。

私の友人は500人規模のセミナーを企画しました。数年前にも同じテーマで超満員になった講演会です。

しかし、その時は集客がうまくいかず、当日集まったのは100人に満たない人数でした。会場はガラガラです。

さまざまなゲスト登壇者を呼んでいたのですが、彼らはガラガラの会場を見て、あきれてガッカリしたのでしょうか？「この主催者はダメだ」と見放したのでしょうか？

いいえ、そんなことはありませんでした。逆に、「今回の赤字はみんなで取り返そう！」と主催者の彼を応援するほどでした。

登壇した人たちはみんな、このイベントが大好きで、出演できたことをとても喜んでいたのです。彼らは講演料のために参加していたのではありません。企画に心から賛同していたのです。そして、彼が頑張っていたことをずっと見ていたのです。

失敗したとしても、手を抜かずに一生懸命に取り組んでいれば、本当の協力者は離れずに残ってくれるものです。

苦しいときに応援してくれる人が本当の協力者です。

⑥失敗は誰も見ていない

「今井さんは、順調にビジネスをされていますが、何か失敗などはありますか？」という趣旨の質問をたまに受けます。

赤字プロジェクトや、売れなかった商品や書籍など、いろいろ思い当たります。

そこで、「あの本は売れてない」「あれは赤字だった」という話をすると、「えーーーっ!?」と驚かれます。

いろいろ失敗してきましたが、**それでも「失敗談を聞きたい」と言われるということは、他人は人の失敗を見てないということだなとつくづく思います。**

うまくいったことは広く拡散します。多くの人の目に触れて、売上も大きくなって、周りからも羨望のまなざしで見られるかもしれません。

逆に、うまく行かなかったことは、拡散しなかったということです。だからほとんど気づかれません。なので、安心してチャレンジして下さい。

今のところ、「今井さんのアレは失敗でしたね」と言われたことはありません。

失敗してもバレませんよ!

⑦最後に成功するなら失敗はネタになる

失敗は後から考えればネタであり武勇伝になります。

例えば、これはある男性の失敗談で笑い話です。彼は、まだビジネスを始めたばかりの頃、ターゲットをお医者さんに絞り、テレアポをしていきました。しかし、いくら電話してもアポは取れません。そう簡単にはいかないのです。

そんなある日、初めてアポが取れました。歯医者さんがお話を聞いてくれることになったのです。アポの当日、意気揚々とスーツを着て歯科医に行くと、「はい、お待ちしてました」と受付の人が問診表を渡してきて、診察室に通されてしまいました。**なんと、普通の患者の予約と間違えられていたのでした。**

前掛けをつけながら、彼は、自分は治療ではなくサービスの説明のために来た、という旨を伝えると、歯医者さんに烈火のごとく怒られました。

そんな彼ですが、今では月に１００万円以上を稼ぐようになりました。

怒られたショックでビジネスをあきらめていたらこの失敗は黒歴史ですが、成功した今となっては武勇伝ですよね。笑い話としてよく語ってくれます。

今、失敗が怖くて動けないなら、または失敗をして落ち込んでいるなら、**「成功して武勇伝にしよう！」**と思ってください。

スーツに前掛けをかけられて、治療椅子に座っている彼の姿を想像すると、今でも笑いがこみあげてきます。

失敗のショックを防ぐ3つの準備

ここまで読んで来て、「失敗は当たり前なんだ」という気持に、少しずつ変わってきたかもしれません。

しかし、それでもやはり失敗は嫌なものです。

ですので、失敗してもショックを受けないでいられるようにしたいものです。

ここでは、失敗のショックを軽くするためにできることを3つご紹介します。

①これを決めていれば失敗は怖くない

失敗を恐れないようになるために、まず決めておいて欲しいことがあります。

それは、**最悪のケースとその対処策**です。

「起業するのは怖くなかったですか？」と私はたまに聞かれますが、一番怖かったのは辞める半年前ぐらいのときでした。それまでは、「失敗したら終わり」というイメージしかなく、怖くて怖くてたまりませんでした。

悶々とした数ヶ月を過ごしていて、このままではらちが明かないと思い、そこからようやく**「起業に失敗したらどうなるのか?」**ということを徹底的に考え始めました。

考えてみたのは、会社を辞めて3年ぐらいたち、貯金が底をついても生活の目途が立たなかった場合、具体的にどうなるのか? というケースでした。

もし、貯金が底をついたら、あれ? すぐに死ぬわけでもないな……。家賃が払えなければ家族を連れて実家に帰ればいいし、バイトをすればいい。いや、待てよ。バイトをしなくても、IT業界ならすぐに転職できるし。**そうか、起業で失敗しても、IT業界に戻るだけなのか!**

そう気づいたときに、起業への不安が消えていきました。最悪のケースを受け入れられたからです。

このように、**最悪のケースを具体的に考えて、その時の対処策を明確にすると、失敗の恐怖が消えていきます。**

新しい商品を売るときや新しい事業を始めるときは本当に怖いと思います。

しかしたいていの場合、最悪のケースを考えたら、それほどたいしたことがないと思えます。それに、よっぽどのことがない限り、そこまで最悪にはなりません。

例えば、友人の経営者は本業は成功しているにもかかわらずセミナーがどうしてもできませんでした。

原因を探ってみると、「人が集まらなかったらどうしよう」という不安でした。

そこで、最悪のケースを考えてもらいました。すると、彼が考えた最悪のケースは「申し込みが1人だけのとき」でした。1対1でセミナーをするなんて気まずいし、集まっていないと思われて恥ずかしいということです。

この場合の対処法は、**「1人でもやる！」**と決めておくことです。少々気まずくてもやると覚悟しておけば怖さはなくなります。

また、参加者が1人だったときの対処策として、友達に参加してもらう、セミナーではなく個別コンサルに変えてもらう、などをあらかじめ決めておけば、さらに不安もなくなります。

実際、多くのセミナー講師の人は、最初は1人しか集まらなかったという経験をされています。そこからあきらめずに続けていたら、何十人も何百人も集まるような人気講師になっていったのです。

では、「倒産」の場合は、どう考えればいいでしょうか？

友人の垣本祐作さんという経営者は、介護事業をされていて、この原稿を書いている時点で売上80億円規模です。社員数は千人を超えます。

彼はあらゆる最悪のケースを想定しているそうで、事業で起こりうるトラブルの対応策を考えていました。

彼は、「倒産したらどうするんですか？」という問いにも間髪入れずに答えました。**「世界一周に行きます！」**と。

何もかも失って、逆に自由になるから、やりたかったことの一つである世界一周をやってしまうというのです。そう考えると、倒産しても新しい人生が始まるだけですよね。

それを聞いて、なんてスケールが大きいんだと思いました。世界一周から帰ってきたら、また大きなことをしてくれるのではないかと思います。

さて、こういうことを言うと、「失敗したときのことを考えると、それを引き寄せてしまうのでは？」という質問を受けるのですが、それは違います。

悪いことを引き寄せるのは「怖いという感情」です。「失敗したらどうしよう…」と、漠然としているときです。

中途半端に怖いと失敗を引き寄せますが、最悪のケースを受け入れて怖さが消えると、逆にどんどん良いことが起こるのです。

ぜひ、具体的に最悪のケースと対応策を考えてみてください。

②問題が起こったときに真価が問われると考える

次に知っておいて欲しいのは、失敗やトラブル自体が問題ではなく、それに対する態度の方が大事だということです。

ユニクロを運営するファーストリテイリングという会社が、ある年に利益予測を500億円も下方修正しました。

株主総会で当時の代表取締役の柳井さんは、「値上げは戦略ミスだった」と潔く認めて、方向転換すると宣言しました。

ミスして500億円！　壮大なスケールですよね。しかも、**ミスを潔く謝罪し、早急に**

対策を打ったので、株主からはそれほど強い追及はありませんでした。

たまたまその報告の動画を見て、失敗を認められる人はカッコ良いなと、しみじみ思いました。


このように、失敗やトラブルなど、想定外のことが起こったときは、

「ここでの対応で自分の価値が問われるんだな」

と考えれば良いと思います。

ビジネスを続けていれば、売れないこともありますしクレームもあるでしょう。

大事なのはその時にどういう姿勢で対応するかということです。

人は、失敗そのもので人を評価しません。その時の対応で人を評価するのです。

失敗やクレームがあったときに逃げたり人のせいにしたりするから評価が下がるわけで、誠実に対応すれば、逆に信頼を勝ち取れることも多くあります。

ですので、失敗やトラブルが起こったときは、

「ここで逃げない姿を見せるのが自分の仕事だ！」

と捉えてみてください。

そして、颯爽と問題に取り組むわけです。


ちなみに、私の友人は、**「率先して失敗するのが自分の役割」**と言っています。

彼は、新しいものをいち早く試して、その知見をクライアントに伝えるのが仕事です。

その時に、成功事例だけでなく、「こうしたら失敗した」という自分の経験をもとに説明するので、とても説得力があり、多くのクライアントに支持されています。

③失敗しても笑える環境

最後に、ぜひやって欲しいのが、仲間を持つということです。

ある人が街中のオシャレな女性に写真を撮らせてもらいブログに掲載していました。

ただし、声をかけるのに勇気が要ります。1人でやっていたときは、勇気が出なくてなかなか声がかけられないこともありました。

しかし、ある時、どんどん声がかけられる方法を見つけました。

それはとてもシンプルなことで、2人で行動するというだけです。

ただし、もう一方の人に声がけをしてもらう必要はありません。「断られちゃった」と言ったときに、「ハハハ」と笑ってくれたらそれで良いのです。すると断られても嫌な気分にならず、すぐに気分を変えて次の人に声がかけられるようになったのです。

こんなふうに、**失敗を一緒に笑える仲間がいるだけで過度に落ち込まずに済みます。**

今まで、商談で売れないと数日間も落ち込んでいた方がいたのですが、これをマネして商談の後に必ず仲間と短い打合せをするようにしたら、まったく落ち込まずにいられるようになりました。

一緒に失敗を笑ってくれる仲間の存在は、本当にありがたいものです。

第１章のまとめ

❶失敗のない成功はない。

❷失敗が問題なのではなく、失敗に対するショックが問題。

❸失敗からリカバリできる人間になることを目指す。

❹想定内にしておけば失敗は怖くなくなる。

❺失敗するほど成長できる。

❻失敗に立ち向かう姿が人を惹きつける。

❼失敗を仲間と笑い飛ばそう。

第2章

売ることの罪悪感はこれで消え去る

［欠乏感］

ダイエットを成功に導いてくれた！　娘からの一言

「これからダイエットする！　おなかが出てきてみっともないから」

と、家族に宣言したことがあります。

その時、まだ小さかった長女がこう言いました。

「おなかが出てててもカッコ良いよ」

すべてを受け入れてくれる一流のカウンセラーのような一言でした。小さい子どもというのはなんと天使なのでしょう。

こう言われて、私は「じゃあ、やせなくてもいいか」と思ったわけではありません。**逆に、がぜんダイエットのやる気が高まったのです。**

「おなかが出てきてみっともない」と思っていたときは、とても気が重かったのですが、ちょっとぐらいおなかが出てても別に良いと思うと、肩に入っていた力がふっと抜けたのです。そして、ダイエットを前向きに楽しめて、ラクラクと目標を達成しました。

この話を書いたのには理由があります。

実は、この感覚は売ることに関しても同じだからです。

つまり、**「こんな自分はダメだ」という気持ちからスタートするとうまくいかないということです。**

それより、「今は今でＯＫ」という気持ちの方が、結果が出やすいのです。

いったいこれはどういうことでしょうか？

この章では、その謎に迫ります。

ギリギリにしか動けず達成したらやる気がなくなる原因

「月末ギリギリにならないと、やる気が出ないんです」

と、ある営業マンの方が言っていました。

締め切りになってようやくエンジンがかかるわけです。

同じように、何かのサービスやイベントのお知らせをギリギリまで後回しにしてしまい、
なんとか目標を達成したらやる気がなくなって、また次の締め切りギリギリまで何もしな

くなる、という人は少なくありません。

早くやればいいのに、なぜか締め切りギリギリにしか動けないのです。

あなたも心当たりはありませんか？

実は、この原因は、**「欠乏感」**を燃料にしていることです。

「売上が足りない！」

「ノルマに足りない！」

「在庫になってしまう！」

「人が集まっていない！」

といったマイナスの感情が、いわゆる「欠乏感」であり、メンタルブロックの一つです。

これを動機に動いていると、締め切りの直前や、目標が達成するまでは「何とかしなければ」と焦って動けるのですが、期間に余裕があるときや、目標を達成してしまったときに焦りがなくなり、やる気が失われます。

なぜ、ギリギリまで追い込まれないとやる気がおきないのでしょうか？

それは、本当はやりたくないからです。

しかし、締め切り直前には「やりたくない」という気持ちより、「やらないとマズイ」という気持ちが上回るため、ようやく行動できるわけです。

欠乏感が引き起こす3つの症状……

この欠乏感があると、いろんな支障をきたします。

よくあるのは、次の3つの症状です。

①「売ろうとすると嫌われる」という恐怖

売ることが苦手な人の多くは、**「売ろうとすると嫌われる」**と思ってしまい、「売り込みと思われたくない」とよく言います。

実際は売ろうとすることで嫌われるわけではありません。**感謝され尊敬されている営業マンもたくさんいます。**

実は、売ろうとして嫌われるのは、欠乏感で行動していることが大きな原因です。

欠乏感があり、自分の売上のために売っていると、相手が「金づる」のように見えてしまいます。心のどこかで、**「自分のためにに売るということは、この人から奪うことだ」**と思ってしまうわけです。そのような気持ちだと、やはり売るのが嫌になります。

②人と比較して落ち込む

エグゼクティブコーチをされている佐藤恵美さんは、ビジネスの勉強のためにサラリーマン時代から、いろんなセミナーに通っていました。

しかし、どこに行っても、「〇千万円売り上げました！」という人がいて、自分と比較していつも落ち込んでいたそうです。

他の人はいろいろやっていてすごいのに、私はまだこれもできていない、あれもできていないと、ないところばかりに気が向いてしまいます。そして自分を苦しめてしまうのです。

こちらも後述しますが、佐藤さんは欠乏感を取り除き、今は他人の成功を素直に喜べるようになったそうです。

③焦ってしまう

ある女性が保険営業をやっていた頃のことです。

ほぼ契約段階までこぎつけたお客様がいたのですが、あと一歩のところでダメになりました。

原因は、焦ってしまったからです。実は、その月のノルマが未達成で、成績を下げてしまいそうだったのです。それで電話で、「いつ来れますか？」と、ちょっと急かし気味に言ってしまったところ、気持ちが伝わってしまったのか、その契約の話は流れてしまったのです。

焦らず、あと少し待てば契約になりそうだったのに、残念なことをしてしまいました。

彼女はまだ良い方です。同僚はお金のためにお客様にニセの保険証券を渡して振り込ませてしまい、逮捕されてしまったそうです。

恐ろしい話ですが、これも、「足りていない」という欠乏感の罠ですね。

成功しても行動し続ける人の特徴

では、欠乏感を感じずに行動できる人とはどんな人なのでしょうか？

それは、**「この仕事が楽しい！」**という気持ちで動いている人です。

お客様の笑顔、ありがとうの言葉、優秀な成績に対する祝福などを思い浮かべながら頑張っている営業マンもそうです。ワクワクしています。

私はある年、講演会で全国7ヶ所を回りました。

その時にこう言われました。

「今井さん、稼いでいるんだから、もうそんなに働く必要ないんじゃないですか？」

実際そうです。おっしゃる通りお金のためであればそんなに働く必要はありません。私には高級車や豪邸を買う予定もないし、宝石や高級時計にもあまり興味ありません。しかしそれでも、そこそこ楽しく幸せに暮らしています。

ですので、講演で全国を回ったのはお金のためではありません。もし、お金しか目的がなければ、ある程度稼いだからと、やる気をなくしてぼーっとしてると思います。

私が働いているのは、楽しいからです。クライアントさんが何かに気づいて「ハッ！」とした表情をしたり、どんどん行動して成果を出したり、自分を認められるようになったり、そんなことが楽しくて、病みつきになってやめられないのです。

日々、行動できるのは、そういう喜びのモチベーションだけだと思います。

もし、お金のためとか、認められるためとか、そういう欠乏感からのモチベーションなら、しんどくて続かないと思います。最初はハングリー精神や悔しさや、欠乏感をエネルギーにしても良いですが、ずっとそれだとしんどいです。

私たちが毎日行動し続けられるのは、その仕事で充実感を得られるからです。そして、それはお金では買えないものなのです。

集客の本質はココにあった！

拙著『ひとり社長の最強の集客術』でもお伝えしていますが、**集客というのは「与えるプロセス」です。**

試食を提供するから**「もっと食べたい」**と買ってくれます。

無料の動画で歌を公開していると**「生で聞きたい」**とコンサートに来てくれます。

人間心理の大事なことをブログで公開しているから**「もっと教えて欲しい」**とカウンセリングに来てくれます。

先に与えるから返ってくるのです。何も与えないで、いきなり売上を作ろうというのは難しいのです。これが集客の本質です。

しかし、**「余裕のある人は良いけど、自分も足りないのに与えられない」**と考える人もいるのではないでしょうか。

これもまさに「欠乏感」です。

実際は、足りないのではなく、足りないと感じてしまうだけなのです。

売る前にやるべき5つのこと

では、欠乏感を取り除くにはどうすればいいでしょうか？

ここではすぐにできる5つのことをご紹介します。

①足るを知る

まずやっていただきたいのが、**「自分は今のままでも満たされている」**と感じることです。

まさに「足るを知る」です。集客や営業をする前には、「自分は満たされている」ということを実感しないと、欠乏感に陥りやすいので注意してください。

やることは簡単です。**自分が持っているもの、幸せな理由、ありがたいことなどを挙げていくということです。**

本当に日常の些細なことでかまいません。「今日も空が綺麗だ」「電車が時刻どおりで助かる」「今日も仕事ができて良かった」「ちゃんとスーパーに食べ物が置いてあって助かる」などを紙に書き出していくだけです。


この章の冒頭でご紹介した保険営業の女性ですが、焦って契約を逃してしまったときに、「ノルマ」というものについて、真険に考えたそうです。

それまでは、「ノルマが達成できない私ってなんだろう？」「成績を下げたら恥ずかしい」「収入が下がると落ちぶれていると思われる」と漠然と考えていました。

しかし、とことん突き詰めて考えていくと、最後に出てきたのが
「ノルマが達成できなくても、人生はそんなに変わらない！」

ということでした。

実際、ペナルティがあってもちょっとボーナスが下がるだけで、給料が100万円も変

わるわけではありません。成績が下がったからといって、上司に罵倒されるような会社でもありません。ちゃんと雨風をしのげているし、毎日ご飯を食べられているし、友達もいるし、今月の売上が少なくても、ちょっとがっかりする程度なのです。

そう考えたら、**「結果が悪くても、営業成績が悪くても、自分は自分だ、十分幸せだ」**と思えるようになったのです。

ノルマや給料を気にしなくなったら、彼女はお客様のために親身に提案できるようになりました。そしてトップレベルに成績が上がり、表彰されるほどになったそうです。

②自分を満たす

次にやって欲しいことは、自分を満たすということです。

多くの人は、「今は贅沢してはいけない。成功するまでガマンだ」と思って頑張っています。しかし、それが欠乏感を生み出すわけです。

与えるためには自分が満たされてないといけません。ガマンしすぎずに少しは自分にご褒美をあげてください。

実際あなたにとって、どんなことがご褒美でしょうか？　どんなことをすると気分が良いでしょうか？　ぜひ、書き出してやってみてください。

カフェでお茶をする、映画に行く、エステに行く、昼からビールを飲む、などなど、そんなにお金がかからないことも多いと思います。

また、お金持ちになったらやってみたいことも挙げてみてください。

・海外旅行に行きたい
・高級なレストランで食事したい
・あこがれのバッグや時計を買いたい

などなど、出来るかぎり挙げてください。

お金持ちになったらやるということは、お金持ちでない今の自分には、やる許可を出していないということだと思います。

しかし、これらはお金持ちでなくても出来ることではないでしょうか？

例えば、高級レストランなどは普通の飲み会を3、4回分やめて貯金すれば行ける金額です。

たまに、「高級レストランは自分には場違い」とか「私はこんなところに居ていい人間じゃない」と言う人もいますが、そんなことはありません。**レストランで食事するのに許可や資格は要りません。お金を払えばいいだけです。**

実際、調べてみると思っているより安く体験できることも多くあります。

以前、私が数人とレストランで食事している写真をＳＮＳに載せたら、「私も成功したらこんなところで食事がしたいです！」というコメントをもらいました。しかし、そのお店のランチは１人５千円でした。大成功していないと行けないほどの金額ではありません。海外旅行もブランド品も、調べてみると絶対に無理な金額ではないと思います。ただ、その金額を自分のために使う許可をしていないだけなのではないでしょうか。

先述のエグゼクティブコーチの佐藤恵美さんの場合は、九十九里に別荘を建てて週末移住することが夢でした。お金持ちになったら別荘を買おうと思っていたのです。

しかし、ある時、賃貸であれば今でも借りられるということに気づき、すぐに週末移住を始めてしまいました。すると、すごく満たされて、周りの人をうらやましく思わなくなったそうです。

このように、「今の自分でもできる」と思ったものは、すぐやると良いと思います。

また、ちょっとお小遣いを貯めてやれることも、さっさと体験することをお勧めします。**1回やれば気が済みます。「な〜んだ。こんなもんか」となります。**そして、満たされて欠乏感が消えていきます。

③始めた動機を思い出す

そして、次にやって欲しいのは、その仕事を始めた動機を思い出すことです。

動画編集の副業で成功している北田代さんという方がいます。

本業はメーカーの会社員なのですが、副業で動画編集の仕事をしています。

ある時、彼にどうしてその仕事をしているのかと聞いたら、面白いことを教えてくれました。

彼は50代なのですが、実は若い頃、バンドでドラムをやっていたそうです。当時はけっこう人気が出て、テレビにも出たことがあるそうです。

その時に演奏している自分の映像を見たときに、すごく感動したそうです。

「めちゃめちゃカッコ良い！」と本当に感動したと言っていました。

バンド自体は解散したのですが、その経験から、「映像を作る仕事って素晴らしい！」

と思うようになったそうです。

ですので、彼は撮られる側の気持ちが分かっていて、動画編集の仕事には価値があると信じています。**だから自信を持って営業できるし、「喜んでもらえるだろうな」と思って、ワクワクしながら地味な編集作業をし続けているのです。**

彼のように、その仕事を始めた動機を思い出してみてください。そうすれば、「自分は人に喜んでもらうためにやっている」、という原点に戻れると思います。

北田代さんの他にも、いろんな人に仕事を始めた動機を教えてもらったので、ここでいくつかご紹介します。

・離婚や色々でうつになり、家事も外出もできなくなったとき、処方されたお薬を飲んでも良くなる実感がありませんでした。そんな時にアロマを使うことで少しずつ元気を取り戻すことができました。だから今は自分がアロマを教えています。

・会社で仕事ができないと言われ、私は「ダメな人間」だと思って生きていました。しかし、カウンセラーの方に「あなたは素晴らしい！　ダメな人間じゃない」と言われたことがきっかけで仕事を変えたら、今は「仕事が出来る女」と言われています。だから今は私も「あなたはあなたのままで素晴らしい」と伝える仕事をしています。

・怪我をしたときに先生方に助けてもらったおかげで、アメフトをその後もしばらく続けられたことに感謝しました。体に関わる仕事をしたいと思い、脱サラしてパーソナルトレーナーになりました。

・私は娘が難病だと分かったとき、「人生をあきらめてください」と言われました。病院でお友達になったママさんたちがいかに大変な思いをしているのかも知りました。でも、自分の夢も家族も両方あきらめたくないと思い、起業という道を選ぶことで、自分で時間をコントロールできるようになりました。そんなことを伝えたくて、講演会やセミナーをしています。

・家族の介護をしているときに、アトピー性皮膚炎で悩んでいました。そんなときに、ある薬草をお茶にして飲んでいると、2ヶ月で治りました。それがきっかけで、同じように悩んでいる人の力になりたいと思いました。それでハーブ講座を始めました。

それぞれの人の原点をお聞きすると、こちらが勇気とエネルギーをもらえます。あなたも今の仕事を始めた動機を思い出してくださいね。

④売る人をリスペクトする

これはとても大事なのですが、ぜひ、売る人をリスペクトしてあげてください。

売ることが苦手な人は、自分が営業されることを毛嫌いしている場合が多いからです。

自分がされて嫌なことは、自分もする気がしませんからね。

ですので、営業マンや客引きに会ったら、ぜひほめてあげてください。これが後で自分に効いてきます。

心の中でだけで大丈夫ですので、**「えらいなぁ」**と言ってあげましょう。

「こんな時間にえらいなぁ」

「嫌がる人もいるのにえらいなぁ」

「文句を言われることもあるだろうに偉いなぁ」
「商魂たくましくてえらいなぁ」

などなど。

営業マンの方も褒められると嬉しいです。買ってもらえなくても、ほめられたら気分は良いですからね。

笑顔で、**「今日は買わないけど、頑張っていてえらいですね」**と言えば気持ちよく断れます。

売る人がいなければ世界に豊かさが循環しませんので、そういう仕事をされている方は私も本当に素晴らしいと思います。

⑤お客様の未来にワクワクする

これは必ずやって欲しいのですが、目の前の相手の望む未来を一緒にイメージしてワクワクしてください。うまく売れるポイントは、どれだけ相手の未来をイメージできるか？ということです。

売れている人はお客様一人ひとりの未来を想像してワクワクしています。「この商品を使ったら驚くだろうな」「あのお客様は3ヶ月したら見違えるほど変わるだろうな」「すごく喜ぶだろうな」と妄想しています。お客様の驚いている表情や笑顔が目に浮かぶのです。

そうすると、売り込んでいるという感覚なしに、自然にお勧めすることができます。「あの幸せな場所に一緒に行けるんだな」と思うだけです。その時の営業トークは自然と自分の中から出てきます。

逆に、どんなにテクニックを学んでも、相手の未来を信じていなければ売ることにブレーキがかかります。「このお客様には使いこなせないのでは？」などとイメージしてしまうと売れなくなるのです。

あなたの商品やサービスを購入したお客様はどのように幸せになるのでしょうか？ ありありとイメージしてみてください。

具体的なイメージが湧かない場合は、お客様からの感謝の言葉を読み返してみてください。たくさんの人があなたのおかげで幸せになったことを思い出してください。

第2章のまとめ

❶集客は与えるプロセスである。

❷自分を満たすのはお客様のため。

❸今でも十分幸せで満ち足りていることを確認する。

❹売れている人はお客様のために一生懸命である。

❺売れるからではなく与えること自体が幸せ。

❻お客様の未来にワクワクしてそのエネルギーで行動する。

❼あなたは与えるためにその仕事をしている。

第3章

他人を気にせず自分の道を歩むには？

［他人の評価］

勢いで千人の会場を借りてしまった話

ある時、私は学生向けの講演会を企画しました。そして、いきなり千人のホールを予約しました。

なぜ、千人という強気の数字にしたかというと、当時、私が主催していたセミナーに、毎回300人の方々に参加してもらえていたからです。

それは社会人向けなので参加費は1万円です。それで300人も集まってくれるのだから、3千円ぐらいの参加費にすれば千人なんて余裕で集まるだろうと思っていたのです。

そのセミナーの講師は私の恩師である福島正伸先生でした。

実は、会社員時代に福島先生のたった2日間の研修を受けたおかげで当時担当していた新規事業が成功し、事業部長表彰をもらいました。ですので、**「人生が変わるきっかけになった話を多くの人に聞いて欲しい！」**と思い、私は起業して2年目から福島先生のセミナーを主催・プロデュースし始めたのです。

そのセミナーが軌道に乗ったので、次はこれからの未来を担う若い世代にも福島先生の話を届けたいという気持ちが湧いてきたのです。夢を描き、挑戦のきっかけを作ることのできるこの学生向け講演会に、私はワクワクで胸がいっぱいでした。

ところが、蓋を開けてみると、10ヶ月前から準備や告知に力を入れていたのにも関わらず、ぜんぜん申し込みがありません。3ヶ月前になっても、数十人の申し込みしかなく、2か月前になっても100人に満たない数です。さすがに焦りが出てきました。

もちろん、学生が集まりそうな団体やサークルなどにお願いしに行き、参加の呼び掛けをお願いをして回りました。

しかし、チラシを見せても、「よく分からないですね」と言われて凹んでしまう日々でした。学生さんはストレートな物言いをするのです。

そして、講演会1ヶ月前で、まだ申し込みは約100人でした。

その頃から毎晩、悪夢を見るようになりました。ガラガラの会場のイメージが浮かんで、うなされていました。

こんな失敗をしたら恥ずかしい、「今井も終わったな」と思われるに違いないと、精神的に追い詰められていました。

それでも、少しでも集客しようと、都内で学生が経営している居酒屋さんに顔を出しました。チラシを置かせてもらおうと思ったのです。

店はカウンターが数席だけで、店員さんだけでなく、お客同士が自然に会話をする雰囲気でした。

隣にいた女性と自然と話していると、彼女が私が持っていたチラシを見て、「私、この人知ってます」と言いました。

驚いたのと嬉しかったのとで、私が学生向けに福島先生の講演会を開くことを話していました。集客が大変なこともぼやいていたと思います。

そうやってしばらく話していると、彼女が急に怒ったような顔をして言いました。

「私は今井さんがうらやましいです」

私はビックリしました。集客でこんなに苦しんでいるのに、何がうらやましいんだろうと。

すると彼女は続けました。

「今井さんは、学生に『きっかけを与える仕事』をされているんですよね。私はすごくうらやましいです」

よくよく話を聞くと、彼女はチケットショップで働いていました。仕事に誇りを持っていて、5年ほど勤続されているそうです。しかし、他の多くのスタッフは「こんなつまらない仕事は誰でもできる」と、1年もたたずに辞めていくというのです。だから、私のやっていることは社会的意義があって本当にうらやましいというわけです。

私は、頭をガーンと殴られたような気持ちになりました。

自分はいつの間にか、**「ガラガラの会場ではカッコ悪い」と、周りからどう見られるかばかりを気にしていました。**本当は、学生にきっかけを与えるために始めたのだ、ということを忘れてしまっていたのです。それを彼女に思い出させてもらいました。

そして、**「別にガラガラでもいい。来たうちの1人でも何らかのきっかけをつかんで、その人の人生が変わったら、それでいいじゃないか」**と気持ちが切り替わりました。

結局、そこから行動が変わって、残り3週間で600人の学生に来てもらうことができました（何をしたかは7章に記述します）。

この章では、私が行動できなくなってしまった原因である、「他人の評価」について見ていきたいと思います。

注意！ 他人からこう思われたい人は成果が出ない

さて、次のようなことについて、あなたは身に覚えがないでしょうか？

・プレゼンで失敗したくないから、資料の準備にとんでもなく時間がかかる
・友達や同じ業界の人も見るので、ＳＮＳやブログが発信できない
・嫌われたくなくて営業しづらい
・つまらないと思われるのが嫌で、交流会で自己紹介するのにとても緊張する
・初対面の時にすごい人だと思われたくて、自分のことを誇張して話してしまう
・イベントに人が集まらず、「人気がない」と思われたくないので告知すらできない

こんなふうに**他人の評価を気にしていると成果が出ません。一度でも恥をかきたくないという心理が働いて、行動が止まってしまうのです。**

一方で、成果を出している人は、それほど他人にどう見られているかを気にせずに行動

しています。中には批判を受けながらも行動し続けている人もいます。
そんなふうに堂々としていられたら良いですよね？

なぜ他人の評価が気になるのか？

では、どうして人は他人の評価を気にしてしまうのでしょうか？
実は、他人の評価が気になる原因はとてもシンプルです。
それは、「お客様のために」という意識が抜けてしまっているからです。
相手に意識を向けていたら、自分がどう思われるかはさほど気にならないのです。

例えば以前、箱根に行ったときの話です。
私が乗ろうとした電車が満席で乗れませんでした。「すみません、乗れなかったのですが」と駅員さんに尋ねたところ、「特急券は早めに買ってもらわないと……」と、乗れなかった原因や、自分は悪くないというようなことをずっと言い続けていました。きっと私が駅員さんを責めたように聞こえたのでしょう。

これは聞き方がまずかったと思い、「箱根に行くのですが、どう行けば一番早いですか?」と聞き直しました。**すると駅員さんがすぐにプロの表情に変わり、テキパキと次に乗るべき電車と乗り継ぎ方法を教えてくれました。**

このように、自分に意識を向けるか、相手に意識を向けるかで行動が変わるわけです。

つまり**「目の前のお客様のために自分は何をすればいいか?」**ということに意識の矢印を変え、集中すれば、自然に自分がどう思われるかは気にならなくなるのです。

私も章の冒頭で書いたように、「会場がガラガラだったらカッコ悪いなぁ」と自分のことばかり考えていたときは集客できませんでしたが、「学生のためにいったい何ができるだろう」と意識を変えたとたんに集客がどんどんできるようになりました。

また、私はセミナーや講演会で数百人の前でお話をする機会がたくさんあります。もし、自分が聴衆からどう思われるかを気にしていたら、緊張して怖くて話せないと思います。お客様が何に困っていて、何が聞きたいかということにフォーカスするから緊張せずに話せるのです。

営業においても、自分の収入や成績ばかりを気にしていたら、不安な気持ちになってうまくいきません。しかし、**目の前の人に幸せになってもらうことだけを意識して話したら、まったく緊張しません。**

その人の役に立とうという意識に変わると、他人の評価が気にならなくなります。**自分はどう思われてもいいから相手のためにやる。**これが、他人からの評価が気にならない心構えの鉄則です。

他人の評価が気にならなくなる7つの考え方

とはいっても、自分に矢印を向けず、相手にフォーカスするということは、分かっていても難しいものですよね？

では、いったいどう考えれば良いのか？　ここでは、他人の評価が気にならなくなる考え方を7つご紹介します。

①他人はあなたにそこまで興味はない

まず知っておいて欲しいのは、他人はそんなにあなたに興味はない、ということです。

ある時、クライアントのお一人が、「同じ業界の人が見ているから、SNSを発信しにくい」と言っていました。しかし、しばらく見ないうちに、その人はSNSをどんどん発信されるようになっていました。

どうして気にならなくなったのかをお聞きしたら、こうおっしゃってました。

「恐る恐る発信しているうちに気づいたのですが、うちの業界の先生たちは、たぶん私のSNSなんて見てないです」


まさにその通りです。**あなたが思っているほど、他人はあなたに対して関心を持っていません。**

あなたも他人のことを、いちいち監視するように見ていないと思います。そこまで暇ではないと思います。同じように多くの人は自分のことで忙しくて他人を見ている暇がありません。だから、あなたも、他人からの目をいちいち気にする必要はないのです。

私は自分が「会場がガラガラだったらカッコ悪いなぁ」と思いましたが、別の人が同じように千人規模の会場に数十人しか集客できていないことがありました。私はそれを見てカッコ悪いなんて思いませんでした。**自分が大変さを実感していたので、果敢に挑戦している姿に感動したことを記憶しています。**

②良い悪いではなく相性の問題

次に大事なことは、評価は絶対的なものではなく相性の問題だということです。

ある時、仕事で愛媛の松山に行きました。道後温泉に入り、夏目漱石の『坊っちゃん』の世界に浸っていました。

ホテルのロビーには夏目漱石の文庫本が何冊か置いてありました。しかし、なぜか『坊っちゃん』だけありません。せっかくなのでもう少し世界に浸りたいと思い、ネットで電子書籍を買って読むことにしました。

その購入ページを見て驚きました。カスタマーレビューを見ると、5段階評価で星1つという低評価のレビューがいくつかあったのです。しかも、コメントで「何が言いたいか分からない」という趣旨のことが書いてありました。

それを見てしみじみ思ったのは、**夏目漱石の作品さえ星1つのレビューがあるのなら、私の本が他人から低い評価を受けるのは仕方がない、全員に高評価してもらうなんてありえないということでした。**

漱石の本が星1つの評価だったのは漱石が悪いのではなく、漱石の文章が好きな人も嫌いな人もいるからです。単純に相性の問題です。これはどうしようもありません。

他人の評価がとても気になる人は、誰からも良い評価をもらいたいという気持ちが強いのではないでしょうか？　1人でも低い評価をもらったらショックで寝込んでしまうぐらいナイーブな人もいます。

しかし、低い評価をもらうことは必ずあるということを最初から覚悟しておくほうが健全です。

何かを売る場面では相手から低い評価をもらうことは必ずあります。しかし、**その人には合わなかっただけであって、あなたの商品やサービスが絶対的に悪いわけではありませんので、ショックを受けすぎないでくださいね。**

③批判はただの興味本位

批判は興味本位のことが多いので、真に受ける必要がないことも知っておいてください。

以前、有名なアメリカのＩＴ企業が、自社のサービスを使わない人に、どうしたら利用してもらえるかを調査するため、大々的にアンケートを取りました。

そして、アンケートをもとに、機能の追加や改善を行いました。

その結果どうなったかというと、元々サービスを使わない人は、結局その後もサービスを使うことはなかったそうです。

つまりこれは、**外野の意見をいくら聞いても意味がないということです。**


行動すればするほど、あなたのことを批判的に言う人も出てくるでしょう。

しかし、その人たちの言うことを気にしてやり方を変えたとしても、結局はまた違う批判を言ってくるものです。その人たちは本気で意見を言っているのではなく、興味本位で適当なことを言っているだけだからです。

ですので、外野の意見はあまり真に受けて聞かないほうが良いでしょう。

そして、私の経験上、批判的なことを言ってくる人を放っておいても、特に何の害もありません。重く受け止めず受け流すことをお勧めします。

大事なことは、自分のサービスを気に入ってくれる人の意見を聞くことです。外野のことは気にしないで、自分が本当に救える人のために頑張りましょう。

④批判は相手の不安や苦しみの表れ

批判はあなたが悪いわけではなく、相手の不安や苦しみが原因かもしれません。

以前、とてもネガティブな女性がいて、批判ばかりしていました。とにかくいろんなことを批判していて、最終的にはすべてを否定して、「この世界は間違っている」「地球をダメにする人類は滅びるべき」というようなことばかり言うのです。聞いていて辛かったです。周りの人が彼女にいろいろ言っても聞く耳を持ちません。

しかし数年後、彼女はまったく変わっていました。

「世界は素晴らしい！」「人間は愛でできている」というようなことを言っているのです。

いったい何を学んだらそんなに思想が変わるのか？　誰かが彼女の考えを変えるような

ものすごいことを言ったのか？　と興味津々でした。

実際、なぜ、彼女は変わったのか？

理由は、彼氏ができたからでした。ただ、それだけです。

しかし、それを聞いて、以前の彼女はとても苦しかったんだろうなと思いました。

今、いろんな批判をする人も、たぶんとても苦しい気持ちなのだと思います。幸せで満たされていたら誰かを批判なんてする必要ありませんからね。

きつい批判や攻撃は、その人の渇望の声だと捉えてあげてください。

⑤批判は売れている証拠

批判は売れている証拠というのは、本当だと思います。

私は数冊の本を出版していて、批判的なレビューをもらう本もあれば、そうでもない本もあります。

批判的なレビューをもらうのは売れている本です。売れているとレビューの数も多く、中には批判的な意見もあります。

一方で、**批判がないのは売れていない本です。悲しいことに、そもそもレビューの数自体が圧倒的に少ないのです。**

ですので、批判があるというのはちゃんと売れている、うまくいっている証拠です。批判がなければまだまだと思っても良いかもしれません。

もし、同業者や仲間内から批判をもらったり、「あんまり目立ったことをしないほうがいい」などと言われたりしたら、それはうまくいっている証拠です。「すみません、気をつけます」と素直に頭を下げるふりをして、どんどんやっていきましょう。

⑥あいつらに分かってたまるか！

批判をもらうと、

「何とか分かってもらいたい」

「この人たちに認めさせたい」

という気持ちが湧いてくるときもあるかもしれません。

しかし、繰り返しになりますが、批判する人は何をしてもずっと批判してくるものです。

認めさせようとしても、それは不毛な努力です。

それよりも、

「あいつらに分かってたまるか！」

ぐらいの気持ちでいたほうが良いと思います。

例えば、あなたは好きなマンガや小説、アイドルや俳優さんの良さを自分の親や会社の上司に力説するでしょうか？

そんなことはしないと思います。別に分かってもらう必要もメリットもないし、分からないだろうと思うこともあるのではないでしょうか？　それぐらいのスタンスで良いと思います。

そもそも、あなたは誰に認められたいのでしょうか？

日本には1億人以上の人がいますが、全員に認められたいのでしょうか？

旅行先ですれ違った家族連れに認められたいでしょうか？

たまたま入ったお店の店員さんに認められたいでしょうか？

もっと言うと、メキシコの人口も1億人以上ですし、インドネシアの人口はほぼ3億人です。その人たちには認められなくて良いのでしょうか？

そんなふうに考えていくと、**ほとんどの人から認めてもらう必要なんてないし、批判に反論する必要もないことが分かってくると思います。**

また、ちょっと別の話になりますが、**私は起業したことを祖母には言っていません。**祖母は90代で亡くなりましたが、私が普通に会社で働いていると思っていたと思います。

起業したことを伝えたところで、祖母には仕事の内容も分からないでしょうし、私が何をしてようが祖母にとってはどうでもいいことです。

祖母は私のことをすごくかわいがってくれましたので、そもそも祖母に認められたいという気持ちもありませんでした。ですので、わざわざ起業したとアピールするようなことはしなかったわけです。

読者の中には、親や親類に認めてもらいたいという思いのある方もいるかもしれませんが、他人に認められることにご自身の人生を使うことは不毛なことです。

ちょっと言葉は悪いですが、「あんなオヤジやババアに分かってたまるか」ぐらいの気持ちで、本当にやりたいことにつき進めば良いと思います。

⑦目立つのはお客様のため

他人の批判が怖いから目立たないようにしようとする人もいますが、それは仕事を放棄していることに他なりません。

友人の講演家で、松永真樹さんという方がいらっしゃいます。

私が企画した学生向けの講演会に登壇してもらったとき、彼はお相撲さんの着ぐるみを着ていました。とてもユーモラスで面白い格好です。

実は、彼は学生向けに講演を多くされていて、その都度、面白い格好をしています。

これは、松永さんがウケ狙いでやっているというよりも、あまり講演会やセミナーの場に慣れてない学生の緊張をほぐしてあげる効果を狙っています。「この人変わってるな」「面白いな」と思ってもらえると、素直に話を聞いてもらえるそうです。ですので、着ぐるみは最初だけで、後半は普通の服装になります。

相手のためであれば、派手な格好をしても嫌味がありません。アーティストはコンサートで華やかなドレスや衣装を着ていますが、やはり見ていて楽しい気持ちになります。舞台のステージ衣装が華やかなのも、見ている聴衆や視聴者のためなのです。

それと同じように、私たちが目立つのもお客様のためです。

他人の批判が怖いと、目立つことに抵抗を感じてしまいます。SNSで発信したくないし、動画はおろか顔出しもしたくない。なるべく目立たないようにしていたい。有名になりたくないと思ってしまいます。

しかし、目立たなければお客様に見つけてもらうことができません。

自分が目立つことで、世の中の誰かにとって必要な商品やサービスが届けられるのです。

あなたのことが世の中に知られなかったら、本当に必要な人や困っている人のもとへ、商品やサービスが届きません。

「見た目ではなく中身で勝負」という考え方もありますが、では、就職活動の面接で、ボロボロの服を着て髪の毛もボサボサで行ったとしたら、面接官はどう思うでしょうか？

「味で勝負」だからといって、スーパーで綺麗に陳列されずに野菜が置いてあったらどうでしょうか？　そんな状態では、相手は正しく見られないと思います。

相手に正しく評価してもらうためにも、最低限の身だしなみは必要なのです。

しっかりチラシやWEBページを作る。分かりやすい名刺を作る。キャッチコピーを練る。SNSに綺麗な写真を投稿する。しっかり自己紹介をする。それらはすべてお客様に分かりやすく理解してもらうためです。

さらに、相手に興味を持ってもらい、**情報を最後まで受け取ってもらうために興味深く表現することは一種のサービス精神です。**相手のためにやっていることですよね。

ぜひ、お客様に必要なものを届けるために**目立つ努力**をしてください。

他人の評価を捨てる3つのコツ

最後に、他人の評価を捨てるためにできることを3つご紹介します。

すぐにできることですが、とても効果があります。

①相手から質問をもらう

「相手のために」という意識を持てば、自分がどう思われているか気にならなくなると書きましたが、具体的にどう意識を向ければいいのでしょうか？　そのためにとても簡単にできることがあります。

それは、相手から質問をもらうことです。

例えば、私は起業当初、企業研修やセミナーに登壇するときに、とても緊張していました。ある時、参加者が少ないときがあったので、セミナーの冒頭で参加者に自己紹介と参加した目的を一人ずつ話してもらいました。あんなことが知りたい、こんな問題がある、ということを一人ひとりが話してくれました。

そうすると不思議なことに、「この人のためにはあれを話そう」「あの人のためにこの話をしよう」と、その瞬間から、完全にお客様のほうに意識がシフトしていきました。何を伝えたら喜んでもらえるかが分かったので、自然にスルスルと言葉が出ました。

このように、相手の求めている悩みや情報を知ると、自然に意識が相手の問題解決に向かっていきます。

営業のときも、まずは相手の悩み事を一生懸命聞くと、自然と相手のために自分ができることを提案したくなります。そうすると、まったく売り込みっぽくなりません。

では、相手の知りたいことが聞けない場合はどうでしょうか？

例えば、よく交流会で1分間の自己紹介タイムがあったりします。つまらないと思われないか？　うまく話せるだろうか？　と、自分に意識が向いていると緊張します。たった1分でも手が汗でびしょびしょという方も多いと思います。

この場合は、何が知りたいかを質問するようなことはできませんが、「相手から質問された」というイメージを持って話してみてください。

たぶん、あなたを見ている聴衆は、

「どんな仕事をしているのだろう」

「どうしてここに参加したんだろう」

「どんな感じの人なんだろう」

と漠然と思っていることでしょう。

それらを、自分が質問されたとイメージしてください。自分が勝手に話しているというよりは、心の中にある質問に答えてあげるという感じです。そうすると緊張せずに落ち着いて話せます。

こんなふうに、どんな時も相手のためにと考えると、他人からの目が気にならなくなり、緊張しなくなります。

②ありがたくアドバイスを受け取る

まれに的を射た批判をもらうこともあるでしょう。本質を突いているだけに、グサッと傷ついてしまう人も少なくありません。

そういう場合はどうすればいいかというと、相手の言葉をポジティブに言い換えてください。

「商品のこの部分が使いにくい！」という批判であれば、

「申し訳ありません。ここを使いやすくすれば良いのですね」と。

「分かりにくい」という批判であれば、

「ごめんなさい。この点を分かりやすくすれば良いんですね」に。

「このチラシは誰がターゲットなのか明確ではない」という批判であれば、

「すみません。ターゲットをもっと明確に言葉にしたほうが良いですね」

とポジティブ表現に変換してみてください。

このような指摘をくれる方は、本当にあなたのことを思って意見をくださっているのだと思います。

批判的な表現だと心理的に受け取りづらいと思いますが、至極まっとうな意見の場合はポジティブ表現に変えると納得できます。そして、その意見を活かして改善していけば、どんどんお客様の満足度も上がっていくことでしょう。

③仲間と一緒に行動する

他人の評価を気にせず成果を出すコツの最後は、仲間と一緒に行動することです。

ある時、他人にどう思われるかが気になりすぎて、「どうしてもSNSに投稿できない」という人がいました。

そこでまずやってもらったのが、仲間一人だけに投稿を読んでもらうということです。

とりあえず文章を書いて、SNSには投稿せず、バディともいえる仲間に送り感想を言ってもらいます。もちろん、厳しい感想ではなく普通に「けっこう面白いですよ」「分かりやすいです」という感想です。

それを1週間ぐらいやったら、自分の文章に少し自信が持てるようになりました。すると、SNSに投稿する勇気も出てきて、その方は生まれて初めてSNSに投稿できました。フォロワーの反応も悪くなかったので、その後は普通に投稿ができています。

このように、**周りの目が気になる人は、ぜひ、ほめてくれる人や応援してくれる人と一緒に行動してみてください。**


プレゼン資料や提案資料に自信がないなら、最初は仲間に見てもらいましょう。

交流会も1人で参加せずに誰かと一緒に参加してみてください。

SNSに写真をアップするのが苦手なら、仲間と一緒の写真をアップしましょう。

セミナーや勉強会を開催したいなら、仲間と共同で開催すれば安心です。

そんなステップを経て、最後は1人でできるようになります。

第3章のまとめ

❶相手の幸せにフォーカスすれば
自分がどう思われるかは気にならない。

❷恐怖の正体は自意識過剰。
人は他人にそこまで興味はない。

❸批判されるのは売れている証拠。

❹自分が目立つのはお客様のため。

❺適切な批判は応援である。成長のために活用しよう。

❻認めてもらうことではなく、
貢献することに人生の時間を使おう。

第4章

あなたに価値がある理由

［無価値感］

他人との比較をとことんしてたどり着いた境地

私は経営者の集まりに顔を出すと落ち込むことがよくありました。数千万円、数億円、中には数十億円の売上の会社を経営している人もいて、ちっぽけな自分にがっかりしたのです。

「もっと売上を上げなければ！」と、プレッシャーを自分にかけました。

しかし、NPO法人などの人たちの集まりに参加すると様子が違います。誰も売上の話はしていません。純粋に社会問題に取り組まれているのです。それでまた落ち込みました。「売上ばかり気にしている自分が恥ずかしい」と感じたのです。

著者の集まりでは、著作の累計部数がまだまだ少ない私は居心地の悪い思いがします。

インフルエンサーの集まりに顔を出したこともありますが、SNSのフォロワー数が比較にならないほど差をつけられていて、これも居心地が悪かったです。

ジムに行くと自分の身体は貧弱だと思うし、カラオケに行くと自分の歌が恥ずかしくなるし、オシャレな人、ハンサムな人を見ても落ち込みます。

しかし、さすがにこれはおかしいと思いました。

「何だこれは？　どこに行っても落ち込むというのはおかしい」と思ったのです。

どこに行っても比較していたらキリがないし、何なんだこれは、とだんだんとバカらしくなってきて、たどり着いたのが、

「私みたいな人も、一人ぐらいいたほうが良いよな」

という気持でした。

なぜ、この言葉が出てきたのかは分かりませんが、しかし、吹っ切れてそういう言葉が自然に出てきました。今となっては、良い経験だったと思います。

さて、この章のテーマは、「無価値感」です。

「自分には価値がない」「自分なんて」「私はダメだ」という気持ちのことです。

私の場合はとことん他人と比較することで無価値感から脱することができましたが、あなたはそこまで苦労する必要はありません。ぜひ、この章を読んで無価値感を解消していってください。

「自分なんてダメ」と思ってしまう原因

無価値感を持ったまま何かを売ろうとしても、

「自分のサービスなんて誰の役に立つんだろう？」

「他と同じ商品を扱っているから自分から買う人なんていない」

「どうせ私の商品なんて、誰も買ってくれない。誰も相手にしてくれない」

というような気持ちになってしまいます。


実は、こういった無価値感は多くの人が持つものです。

その理由は、拙著『誰もができるのに9割の人が気づいていない、お金の生み出し方』にも記述しましたが、お客様から直接喜びの言葉をもらえなかったり、職場であまりほめられない状況にいると、自分自身の価値を感じる経験が乏しくなるからです。

もっと遡ると、10代の頃に受験競争にさらされて、おそらく8割くらいの人は挫折を感じてしまったのではないでしょうか。

また、就職活動をしても、何社にも断られる、そもそも、書類選考で落とされて、面接にもたどり着けなかったりすることもあるかもしれません。そして、そのまま会社員になってもほめられない。**自分なんてダメだ！　という無価値感が、自然に植え付けられてしまうのです。**

このような刷り込みにより、自分の価値を下げてしまいます。

ですから、いざ何かを売ろうとしても、「自分の商品やサービスなんて、どうせ売れない」「自分から買ってくれる人なんていない」と思い込んでしまうのです。

無価値感で陥る3つのこと

このような無価値感を持ったまま何かを売ろうとすると悪影響が生じます。大きく分類すると次の3つになります。

①商品やサービスを売ることさえしなくなる

私の起業1年目はさんざんでした。とてもひどい赤字でした。

振り返ればその当時、自分の作ったセミナーや教材にはあまり価値がないと思いこんでいたからです。

「値段のわりにお客様の役に立たないのでは？」と、思ってしまいました。

自分の商品に自信がなければ、やはり積極的に売ろうという気になりません。そして、売らなければ売上も立ちません。そして赤字になってしまったのです。

②無理に自分らしくないことをする

無価値感があると、今の自分に自信が持てなくて他人になろうとしてしまいます。

あるSNSがスタートした当初、私はフォロワーを増やそうと思い試行錯誤したのですが、なかなか増えませんでした。

一方で、特定の方々は、なぜかあっという間にSNSのフォロワーが数千人に到達していました。

見ていて本当にうらやましくて、「いいなあ」と思っていました。

そういう人たちには共通点がありました。

それは、綺麗な女の人だということです。

私はその時、友達に、**「いいなあ、おれも綺麗な女の人になりたいなぁ」**と、ポロっと口に出しました。友達には「そんなバカなこと言うなよ」と笑われました。

もちろん、私が綺麗な女の人になるのは無理です。成功するために「別人」になろうとしているわけです。

このエピソードは極端な例なので分かりやすいのですが、多くの人はもっと分かりにくく別人になろうとしています。

「もっと時間があれば」
「学歴があれば」
「もっと頭良かったらなぁ」
「もっとトークがうまければ」
「見た目がもっとカッコ良ければ」
「キラキラしていなければ」
「常にエネルギッシュでいなければ」
「人を導くカリスマ性がなければ」

などなど。

これは私が綺麗な女の人になろうと言っているのと一緒です。しかし、もっともらしいので、「他人」になろうとしているということに気づかないのです。

例えば、「常にエネルギッシュ」というのは頑張ればできそうな気がするかもしれませんが、それが自分のタイプに合っていなければ続きません。

たとえすごい人のフリをして頑張って売れたとしても、その後も、本当の自分とは違う姿を演じ続けなければなりません。それはとても苦しいことです。

③肩書きや体裁にエネルギーを取られる

無価値感が強いと、価値のない中味を隠すための鎧を身にまといたくなります。

ある企業にプレゼンをするので相談に乗って欲しいという人がいました。

提案の中身の相談かと思ったら違いました。「屋号がカッコ悪いので、もっと良いものがないか？」ということでした。

かなり悩んでいて、屋号を考えるのに1週間ほど時間と意識を取られていたそうです。

しかし、本当は提案の内容の方が大切ですし、もっと言うと「世の中を良くしたい！」

という熱意の方が大切です。

その方は、「屋号が変だと受注を逃すような気がしていました」と不安そうでした。

屋号だけではありません。

「資格を取ったほうが良いのでは？」
「会社のロゴを作ったほうが良く見られるのでは？」
「オフィスの住所は六本木がカッコ良いのでは？」

と、どんどんエスカレートしていきます。

お分かりの通り、これらは本質ではありません。

しかし、無価値感が強いと、こういう鎧を身に着けたくなるものなのです。

無価値感を捨てる5つの考え方

では、このような無価値感を捨てるには、どう考えれば良いのでしょうか？

ここでは5つの考え方をご紹介します。

①市場価値を決めるのは自分ではない

まず考えて欲しいのは、**「市場価値を決めるのは誰か？」**ということです。

ある時、絵が上手な女性が私のセミナーに参加していました。しかし、自分の絵でお金がもらえるとは考えていませんでした。

彼女は「別にそれほどうまいわけじゃないし。プロでもないし」と言っていました。

試しに千円で似顔絵を描いて欲しい人がこの中にいないか聞いてみたところ、「面白そう」ということで10人ぐらいの人が手を挙げました。

彼女はわっと泣き出しました。生まれて初めてゼロからお金を生み出した瞬間でした。

無価値感を持ってしまうと、彼女のように「自分にお金を払ってくれる人なんていない」と思ってしまいがちですが、多くの場合はそんなことはありません。本当です！　あなたにはもっと市場価値があります。

大事なのは、自分で自分の価値を低く決めつけず、とりあえずお客様に提案してみることです。実際、予想外の反応があります。

・未経験の男性が、研修会社にＦＡＸを送ってみたら、数社が返事をしてくれ、そのうちの2社と契約して、研修講師として登壇できるようになった。
・フリーのライターが取引先に年賀状を出してみたら、1社から久々に仕事の依頼が来た。
・自分でも高いと思っていたアート作品を、「安い」と言って2つ買ってもらえた。
・自分では5万円ぐらいと思っていた研修の依頼を、とりあえず15万円で提案したら、そのまま通った。

などなど、思ったよりもお客様は価値を感じてくれているのです。

②売れてないのは知られてないだけ

次に大事なことは、売れない理由の多くはあなたの商品の価値とは関係がないということです。

ある時、セミナーを開催したのですが、あまり人が集まりませんでした。

後日、ＳＮＳにセミナーの写真をアップしたら、知り合いからコメントがありました。

「えっ？　そんなのやってたの？　知ってたら行ったのに」

自分ではかなり告知をしたつもりだったのですが、まだまだ足りてなかったようです。

このように、**実は売れない原因の大きなものの一つは、「知られていないこと」です。**

商品が売れないと、「商品が悪いのかな?」「ニーズがないのかな?」「自分には実力がない」と思い、1回であきらめてしまう人も少なくありません。

しかし、多くの場合は知られていないだけなので、もっともっと告知してください。

思った以上に他人はあなたのことを見ていません。

「この商品はダメだ」と判断する前に、多くの人に届いているかもう一度確認しましょう。

③差別化しなくても相手の役に立てばいい

なぜか、「差別化しなければならない」と多くの人が考えているのですが、あなたはどうでしょうか?　それは本当に必要だと思いますか?

あるパーソナルトレーナーも、「差別化しなければ」と必死に考えていました。「もっと栄養のことも学んだほうが良いのでは?」「心理学も学んだほうが良いのでは?」と、ずっと他のトレーナーとの違いを出すことばかりにとらわれていて、その時はあまり売れていませんでした。

しかし、差別化を考えてもらちが明かないので、目の前のお客様にどうなりたいのかを聞くことに集中しました。

「ウエストのくびれをつけたい」「ヒップアップしたい」「長時間立っていられる筋力をつけたい」など、さまざまなニーズがあり、それは対応できることだったので一人ひとり対応していったところ、だんだんと口コミが広がっていき、差別化を考えなくても普通に売れるようになりました。

このように、**目の前のお客様に親身になっていたら、ちゃんと売れるものです。大企業でもないのですから、差別化なんてほとんど必要ありません。**

また、他社商品を扱っている代理店営業、保険、工務店、士業の方々などは、商品では差別化できないし、かといって値段では大手には太刀打ちできません。そういう場合でも、**しっかりと目の前のお客様の話を聞いている人はちゃんと売れているものです。**

④大切なことは届け続けよう

あなたは、誰かのマネになるからやめておこうと思ったことはありませんか？

例えば、SNSやブログやニュースレターなどを書こうとしたときに、「これは別の人がすでに言っていたからパクリになる」と思い、まったく記事が書けなくなるという方もいらっしゃいます。


しかし、大事なことはたいてい誰かが既に言っています。

お釈迦様が、「正しく捉えましょう」と唱えています。

多くの偉人が、「人に与えましょう」と言っています。

戦争の経験者が、「戦争は二度と起こしてはいけません」と長年伝えています。

その時に、「お釈迦様がもう言っているからパクリになる」と思う必要はありません。

逆に、ずっと伝え続けるべきではないでしょうか？


また、多くの人が必要とするものはごく普通の商品です。

毎日、料理を作る人がいて、モノを運ぶ人がいて、掃除をする人がいて、それで世の中が回っていくのです。**必要なものはずっと提供し続けることが必要です。**

新商品が開発されて、世の中は発展していくわけですが、すべての人が目新しい商品を開発する必要はないのです。ありきたりの商品やサービスであっても、堂々と届けてください。

⑤あなたにしか救えない人がいる

さて、次にとても大事なことなのですが、あなたにしか救えない人がいます。

例えば、女性で起業を目指している人からよくある質問で、「家事が忙しくて、自分のビジネスに時間が取れない」というものがあります。

実際のところ、成果を出している人は、元気な朝のうちに自分の仕事をして、後から家事をしています。

それを私が回答すると、**「そんなこと言っても難しい」「男性の今井さんには分からない」**と反発されることがありました。

別の機会に同じ質問を受けたので、次は受講生で先輩の女性起業家に、私の代わりに同じことを答えてもらいました。すると、質問してくれた女性はとても納得して、「なるほど！」とうなづいていました。

つまり、「誰が言うか」が大事だということです。

やはり経験がある人が言うから説得力があるのです。

倒産した経験がある人が言うからこそ、「倒産しても死ぬわけではありません。またやり直せばいいんです」という言葉に重みがあるのです。

他にも、ご両親の介護や、子どもの引きこもり、大病、失恋など、人それぞれ色々な経験があり、だからこそそれぞれ役に立てる人がいます。

ですので、**「自分なんて」と思わずに、「自分にしか救えない人がいる！」と思って下さい。**

また、人間には相性というものがあります。

あの気難しいお客様が、なぜか営業マンの彼とは楽しそうに話ができるなどということもあるのです。

きっとあなたにもそういう人がいます。あなたしか救えない人がいるのです。それぞれが自分の持ち場で頑張ればいいのです。

自分の価値を高める3つのアプローチ

ここまで説明してきた通り、どんな人にでも価値があるものです。

その価値を高め、もっと自分や自分の商品に価値を感じるためにできることを3つご紹介します。

①自分の立ち位置から提供する

一つめのポイントは、自分の立ち位置から商品やサービスを提供するということです。

以前、ある女性が、ひきこもりの方を支援するグループを作ろうとしました。

でもいざ作ろうとしたところ、手が止まってしまいました。

なぜなら、「自分はひきこもりを助ける専門家ではない。カウンセラーの資格もないし、心理学を学んだわけでもない。こんな自分が引きこもりの支援をするグループを立ち上げてもいいのだろうか？」と怖くなって手が止まったのです。

しかし、数日間悩んで悩んで、彼女は吹っ切れました。

「そうだ！　自分は専門的なことは言えないけど、息子が引きこもりから脱出できた経験をしたから、悩んでいる人たちに寄り添うことはできる！」

と思えたからです。

そう考えたら気楽に動けるようになり、あっという間にグループ人数は１００人を超えました。

このように、多くの人は、「専門家にならねば」「資格を取らねば」「大きな実績がなければ」と思って、なかなか行動できません。

しかし、専門家にならなくても、今の自分の立ち位置から発信したり、サービスを提供したりすることは可能です。

例えば、「話し方」を教えるのに、元アナウンサーや元ＣＡでなくてもいいのです。

実際、元々話すことが苦手だった主婦の方が人気講師になっています。なぜなら、生徒さんにとっては身近な存在で、「自分にもできそうな気がする」からだそうです。

②自分の経験や物語で語る

同じことでも大切なことは伝え続けたほうが良いと先述しましたが、しかし、なるべくならオリジナリティがあったほうが良いですよね？

では、どうすればいいか？　というと、**伝える内容は同じでも、自分なりの事例で語ればいいのです。**

例えば、ダイエットのノウハウを伝えるには、ご自身が食事を工夫して痩せたエピソードで語っても良いですし、ついつい食べ過ぎてしまった経験を使っても良いわけです。**自分の経験談を通じて語れば、それはもうオリジナルです。**

肩こり解消や筋トレの動画を多くの人が発信されていますが、それぞれ伝え方が違いますし、声のトーンもＢＧＭも違います。そもそもキャラクターがまったく違いますので、同じことを伝えても違う動画のように見えます。**そして、それぞれがたくさんのフォロワーを獲得しています。それぞれのキャラクターを好きな人がファンになってくれるからです。**

ＷＥＢ制作をしている方の場合は、すでにある制作実績を事例にいろんな発信ができるでしょう。なぜそのようなデザインになったのか？　どういうヒアリングをするのか？　何を大切にしているのかなど、発信することはたくさんあります。

同じ保険を売るにしても、身近な人が保険で助かった経験は唯一無二のオリジナルです。それに、営業マンによってアフターフォローの内容が違います。同じ商品であったとしても、オリジナリティを出すことは可能なのです。

自分のストーリーやそこからにじみ出る人柄によってサービスに魂が入り、**「どうせだったらこの人から買おう」**と思ってもらえるのです。

③お客様の得ることのできる価値を知る

そして大事なのは、お客様がどれだけの価値を得ているのかを把握することです。

私は学生時代にプログラミングのアルバイトをしていました。大学では情報工学を専攻していたのです。

最初は時給千円スタートでした。学生の私にとっては、とても好待遇でした。経験も積めるしバイト代も良いし、最高だと思いました。

その後、どんどんバイト代をアップしてもらって最後は時給2千円ぐらいになりました。

塾講師や家庭教師もけっこうな時給ですが時間は2時間ほどです。しかし、プログラミングのバイトは1日7時間ぐらいできますので、かなりの収入になりました。

ある時、営業さんのデスクに置いていた「見積書」を見て衝撃を受けました。**なんと、私が2日ぐらいで作ったプログラムに40万円の価格をつけて販売していたのです。**

2日で完成するので、私の時給換算で3万4千円ぐらいの原価です。多く見積って4万円。売り値は40万円だから10倍です。しかも、これは1社に対しての見積りです。同じシステムを数社に売っているので、5社に売れたら200万円です。一つのプログラムでこれですから、システム全体としては、その10倍や30倍の金額でしょう。

「高額なバイト代をもらって申し訳ないと思ってたけど、実は貢献してるんだ」と思えた出来事でした。

つまり、自分が行った仕事によって相手がどれだけの価値を手に入れているかを知ると自信がつくということです。

これは請負仕事をしている人全般に言えると思います。また、サービスの価格を上げられない人にもぜひやっていただきたいです。

ぜひ、お客様にどんな効果があったのかを具体的に聞いてみてください。「提案書やWEBサイトにお客様の声を掲載したいので」と言ってお願いすると、多くの方は快くインタビューを受けてくれます。

売上アップ、収入アップ、プレゼンが怖くなくなった、資格試験に合格した、彼氏・彼女ができた、家族関係が良くなった、10kg痩せた、落ち込む時間が減った、コストがいくら減った、ストレスが減ったなどなど。このような効果を聞くと、**「自分は役に立っている！」**と思えて、自信を持って売れるようになるし、単価を上げる自信もつきます。

第4章のまとめ

❶誰もが誰かの役に立てる。

❷同業者と切磋琢磨して、
もっとお客様の役に立てるようになる。

❸売れていないのは価値がないからではなく
知られていないだけ。

❹あなたにしか救えない人が必ずいる。

❺自分の生きて来た人生が誰かの役に立つ。

❻自分は良い仕事をして役に立ったと自分で認める。

第5章

自分がすでに完璧であることを知る

［完璧主義］

『シンデレラ』を見て思ったこと

以前、ディズニー映画の『シンデレラ』を見ていたときのことです。

妖精のおばあさんが出てきて、カボチャを馬車に変える有名なシーンになりました。シンデレラのボロボロのドレスが呪文でみるみる美しくなります。

その時妖精のおばあさんが唱えたのは、「ビビディ・バビディ・ブー」という呪文です。

ミュージカル風におばあさんが歌いだします。

有名な歌なのでメロディは知っていたのですが、歌詞はその時始めて知りました。

日本語吹き替えだったのですが、「あるものみな集めて」というフレーズが出てきました。


このフレーズを聞いて「そうか！」と気づきました。

妖精のおばあさんは馬車やドレスをゼロから出してあげたわけではないのです。馬車はかぼちゃから作り出し、御者はねずみを変身させました。ドレスも新しく作ったわけではありません。**シンデレラがすでに持っているものを使って、何とかお城の舞踏会に行ける**

状態にしたわけです。

さて、この章のテーマは「完璧主義」です。

集客や営業がうまくいっている人も、完璧に準備をしているわけではありません。シンデレラのように今あるもので何とかしているのです。

しかし、多くの人は完璧主義に陥って、**「まだ準備ができていない。もっとちゃんとしてから」**ということでスタートすらできなくなってしまいます。

なぜ、完璧主義に陥ってしまうのか？　まずはここから見ていきましょう。

永遠に準備し続けていませんか？

「ちゃんと会社のWEBサイトを作らないといけない」
「資格を取らないとお客様の相談に乗ってはいけない」
「綺麗な資料やパンフレットを用意しないといけない」
「輝いて見えるプロフィール写真を撮らないといけない」

「すべての質問に答えられるようにならなければいけない」

というふうにあれもこれも完成してからしかスタートできないというときは、完璧主義のワナに陥っています。

行動できなくなる人もいれば、逆にお金の力を使って無理にWEBサイトなどを作ってしまう人もいます。それで売れるかというとそんなことはありません。

また、完璧主義な人ほど勉強熱心で、難しい用語をやたら知っていたりします。「差別化」や「再現性」などと小難しい言葉使い、横文字のマーケティング用語をたくさん知っています。

もちろん、それができたらとても素晴らしいと思います。**しかし、最初から完璧を求めて、全部完成させないと始められないのであれば本末転倒です。**

なぜ、完璧主義に陥るかというと、世の中で活躍している人たちの完璧な姿だけを見てしまうからです。洗練されたWEBサイト、素敵なプロフィール写真、目を見張るようなすごい実績、数々の資格、会社の理念、パンフレット、カッコ良いロゴなどを見てしまうと、自分もここまでしなくてはいけないのでは？　と思ってしまうのです。

今はネットやマスコミで、一流のすごい人たちばかりが目につきますので、特に完璧主義に陥りやすいのではないかと思います。

しかし、どんなものも最初から完璧だったわけではありません。

未完成でスタートしたほうが良い理由

私がサラリーマンの頃、初めてコーチングを学んだのが「銀座コーチングスクール」でした。

このスクールは、本書の執筆時点で全国40ヶ所以上に拠点があります。WEBサイトを見ると、とても内容が充実しているのが分かります。受講コースが何段階かに分かれていて認定制度もあります。テキストも非常に充実しています。

しかし、私が受講した当時はそうではありませんでした。

スクールの代表は森英樹さんですが、私が受講した当時は森さんもサラリーマンで、副業でスクールを運営されていたそうです。

場所は貸し会議室を使い、テキストも数枚の紙をホチキスで留めているだけでした。当時の開講コースは初級・中級の2つのみでした。記憶では、私は中級コースの初めての受講生の1人だったと思います。

それが今では日本で有数のコーチングスクールになったのです。


ここで言いたいのは、**今はどんなにすごいことをしている人も、最初は小さなことからスタートしているということです。**

有名なビジネススクールが最初は四畳半のマンションの一室からスタートしていたり、全国チェーンの家具屋さんが最初は親類の会社の間借りから始まっていたり、最初はそんなものなのです。

世界的なシューズメーカーのナイキも、最初は創業者のフィル・ナイトさんの副業から始まりました。店舗もなく、自宅の電話で注文をもらっていました。シューズもオリジナルではなく仕入れて売っていただけでした。

誰もが小さく、泥臭く、未完成でスタートしています。そして、少しずつ改善していき、今のように大きくなるわけです。始めなければ何も起こりません。

チャンスをつかめる人のフットワーク

完璧主義を捨てるということは、フットワークを軽くするということです。

「この仕事やりませんか？」

「一緒に組みませんか？」

「企画を出してくれませんか？」

などのオファーが予期せず来たときに、躊躇せず「やります！」と言えるとチャンスをつかめ、人生の流れに乗れます。

準備不足を不安に感じるかもしれませんが、**完璧な準備なんてそもそもありません。**足りないものは探せばいくらでも出てくるでしょう。

ですので、チャンスをつかむためにも、完璧主義を手放していきましょう。今まで100％を目指していたものを80％、50％と、徐々にでも減らしていきましょう。

成果を出している人は、**「準備30％！　後は現地調達！」**というスタンスです。最初は不安かもしれませんが、やってみたら案外大丈夫ですので。

完璧主義を緩める7つの考え方

では、どうすれば完璧主義を緩めることができるのでしょうか？

ここでは、完璧主義を緩めるための7つの考え方をご紹介します。

①その完璧は誰のためか？ を考える

まず考えて欲しいのは、「その完璧は誰のためなのか？」ということです。

私は、起業当初、セミナーを開催するために、膨大な配布資料やスライドを用意し丁寧に作り込んでいました。ですので、準備にとても時間がかかりました。

しかし、ある日、講師仲間に、

「今井さんのセミナーに来てくれた人は、丁寧なテキストをもらいたいの？」

と聞かれて、ハッとしました。

実際、テキストが良かったとほめてもらったことは一度もありませんでした。

振り返ってみると、「自分が参加者からどう見られているか？」を気にして、綺麗な資料を作ろうとしていたことに気づきました。いくら綺麗でカッコ良くて、すごいと思われるような資料でも、お客様の結果につながらなければ意味がありません。

そこで、私は、**「お客様はどうなりたいのだろう？」「みんな何を求めているのだろう？」という、お客様の気持ちを想像するところからもう一度考え直しました。**

そういえば、ベテランの経営者の方々がセミナーに参加されることもありますが、彼らは資料など見ないし、あまりメモも取りません。その代わりに、セミナーを聞いてひらめいたアイデアをノートに書いています。一つでも行動して売上が上がれば、それで受講費の数倍、数十倍の効果です。資料なんてどうでも良いのです。

そうやって考えると、おのずと資料の分量は減りました。次第に、「これは自分を良く見せようと思っているだけだな」と思うところには、無駄なエネルギーを費やさないようになりました。

「完璧な資料を作らなければ」
「綺麗なＷＥＢサイトを作らなければ」

「すべて答えられるようにしなければ」と思ったときは、**それが誰のためなのかを考えてみてください。**

もし、自分が良く見られるためであれば、あまり効果はありませんので、そこに力を入れる必要はありません。

②完璧を目指しても完璧にならない

時間や労力をたくさんかけて完璧を目指しても、お客様からの評価は労力に比例しないことがよくあります。

例えば、「渾身の力を込めて書いた本が売れなくて、ささっと1週間で書いた本がベストセラーになるなんてよくあるよ」と、ビジネス書の著者の方々がよく言っています。

また、音楽の世界でも、気合を入れて書いた曲は売れなくて、5分で書いた曲が大ヒットしたという話もよく聞きます。

完璧を目指しても完璧にはならないものなのです。

それに、その時は良いものができたと思っても、後から見ると粗が見えてきます。

例えば、私は過去の著作を見ると、「ああ、ここがいまいちだ」と思います。過去のS

NS投稿、チラシやWEBサイトを見ても、「この頃は未熟だった」と思ってしまいます。

これは、自分が成長した証拠なので喜ばしいことではありますが、完璧はないのだなとつくづく思います。

私たちにできるのは、過去の仕事を超えるために努力し続けることだけなのです。

③合格点は100点ではなく60点

大学や高校の試験で100点満点を取らないと入学できない学校があるでしょうか？

そんな学校はありません。たいてい合格最低点は60点台だと思います。資格試験でも同じようなものでしょう。

仕事においても、合格点は60点だと考えて良いと思います。

100点の商品、100点の接客、100点のセールスなんてものは最初から提供できるものではありませんし、その必要もないのです。

何をもって100点なのか？　60点なのか？　は人それぞれだと思います。

しかし、完璧主義の人は漠然と100点を目指しています。

ちょっと抽象的ですが、なんとなく「60点でスタートすれば良い」と思ってみてください。少し、気持が楽になるのではないでしょうか。

④後から挽回できると考える

完璧主義の人は、何でも一発勝負だと思ってしまう傾向がありますが、そんなことはありません。

以前、「WEBサイトに自己紹介の動画を載せると申し込みが増える」と聞いても、なかなか実行できない人がいました。自分の動画を掲載することに抵抗を感じていたのです。

しかし、動画に関するセミナーに出たとき、その場で撮影をしてアップするという課題が出ました。絶対にムリと思いましたが、

「これは練習ですから、後でもっと良い動画を撮って差し替えれば良いですよ」

と言われて気が楽になり、ようやく動画をWEBサイトに掲載することができました。

このように、今はありがたいことに、後からいくらでも修正できる時代です。

動画も撮り直せばいいですし、ブログやSNSの投稿は文字が間違っていても修正すればすみます。内容が面白くなかったとか、分かりにくい部分があれば書き足せば良いだけ

です。メールマガジンであっても、間違って配信したら訂正の連絡をもう1通送ればいいだけです。

では、書籍はどうでしょうか？　一度出版してしまうと、そのまま永遠に世に残ってしまいます。

しかし、以前、ピーター・ドラッカー先生の著書を読んでいたところ、その文中に、「以前出版した本では、まだ私の考えが甘かった」という趣旨の記載を見つけたことがありました。書籍でも後で訂正ができるのだと分かり、とても気が楽になりました。

また、お客様の質問にその場で完璧に答えられなければならない、と思い込んでいる方もいます。完璧に答えられる自信がないのでサービスを始められないというのです。

しかし、安心してください。その時に答えられなくても、「確認してご連絡します」と言って、後で調べて回答すれば問題ありません。**分からないときに慌てるから評価が下がるのであって、誠実に「分かりません」と言えば信頼は揺らぎません。**

このように、世の中は後から挽回可能なことばかりなので気楽に始めましょう。

ちなみに、先ほどの例の動画を掲載した方は、なんとその日のうちにサービスに1人お申し込みがあり、その後もぽつぽつと申し込みが来るようになったそうです。

⑤完璧な商品はお客様と一緒に作る

これは大事な考え方なのですが、完璧な商品やサービスは売り手だけで完結するものではありません。

ちょうどこの原稿を書いている頃、私はパーソナルトレーニングを受けていました。ジムにはずっと通っているのですが、なかなか肩の筋肉がつかないので、そのサポートをしてもらいたいと思ったからです。そして、時間をそれほどかけたくないので、オンラインで朝30分だけにしてもらいました。

聞いてみると、こういう要望は初めてだったそうです。

このように、**お客様の要望はそれぞれですので、あらかじめ完璧な商品を用意しておくことは不可能なのです**。一人ひとりのお客様のニーズを聞いて、お客様と一緒に取り組んでいかなければなりません。

「商品やサービスに不安があるので自信を持って販売できない」という方も多いのですが、

そもそも完璧な準備はできないということです。

商品やサービスを提供するのは売り手ですが、使うのはお客様です。**商品やサービスの価値は、お客様とともに作り上げるものです。**提供する側が１００％の結果を約束することはできません。最終的にはお客様にゆだねるしかありません。

レストランであってもそうです。料理は準備できますが、お客様によって臨機応変に接客をしなければ良いサービスとは言えません。

ある程度準備できたらどんどん売っていきましょう。

そして、お客様と一緒に完璧にしていきましょう。

⑥今のベストを尽くそう

完璧な仕事はできないにしても、私たちにできることがあります。

それは、今のベストを尽くすことです。

まだまだサービスも完璧ではないかもしれません。サポートも手厚くできないかもしれません。チラシもいま一つかもしれません。営業トークもヘタクソかもしれません。

しかし、**それでもベストを尽くしている姿を見れば、人は心を打たれるものです。**

すぐに購入にはつながらないとしても、周りから助けられるようになります。先輩から助けてもらい、お客様からも助けてもらって、だんだんとサービスもスキルも高まっていきます。

私も、たとえ完璧ではなくて、「自分はベストを尽くした」と、堂々と言えるような仕事をしたいと常々思っています。

⑦完璧は目指し続けるもの

ここまで、完璧主義を緩めるというお話をしてきましたが、それは手を抜いて適当でもいいということではありません。繰り返しになりますが、今の自分で今のベストを尽くしましょうという意味であり、**完璧というものは永遠にやって来ないからこそ永遠に目指し続けようということです。**

葛飾北斎は世界的に有名な絵師です。「富嶽三十六景」などは、誰でも目にしたことがあると思います。19世紀にはヨーロッパで日本ブームが起こり、ゴッホなどの画家たちが北斎の真似をしました。

しかし、北斎自身は、自分の絵が完璧だとは思っていませんでした。北斎は90歳で亡くなりましたが、死ぬ間際に「あと5年あれば、本物の絵描きになれたのに」と言ったそうです。どこまでも絵の世界を追求していた姿勢は鬼気迫るものがあります。

あなたも、世の中の困っている人の役に立ちたい、貢献したいという気持ちを持っているからこそ、完璧を目指しているのだと思います。だとしたら、この程度でいいと中途半端であきらめるのではなく、**一生をかけて完璧を目指していけばいいのではないでしょうか。**

完璧を目指しつつも、現段階のベストの仕事をする姿に、お客様は感動してくれるのだと思います。

完璧主義を手放す3つの方法

ここまでで、完璧主義が少し緩んだのではないかと思います。

さらに完璧主義を手放して行動するための具体的な方法をご紹介します。

①最初から「完璧じゃない」宣言をしよう

まず、すぐできることは、商品やサービスが「完璧ではない」とあらかじめ言っておくことです。

例えば、ある友人は、「私はよく遅刻します」と宣言しています。WEB上の彼のプロフィールにも書いてあるし、名刺にも書いてあります。ですので、打合せのときに時間通りに来るとみんなが感動します。

このように、最初から**「自分は完璧ではない」**と言っておけば、少々間違いやミスがあっても問題はありません。

ブログやメールマガジンでは、「誤字脱字があるかもしれませんが、ご了承ください」と書いておけば、あまり神経質にならなくて済みます。また、何かを引用して書くときに、正確に書かないといけないと考えると、調べるのに時間がかかります。しかし、「うろ覚えですが」と断っておけば、完全に正しい言葉を書く必要がなくなります。

「適当だとお客様が去るのでは？」と考える方もいると思います。確かに、商品やサービスとして支障がある場合は問題です。しかし、あまりにも完璧でないと許さないお客様であれば、取引しないほうがお互いのためだと思います。少々のミスでも大めに見てくれる人のほうがお付き合いしやすいのではないでしょうか？

②3段階のレベルを持っておく

次にできることは、最高レベルのクオリティだけでなく、3段階ぐらいの仕事のクオリティレベルを設定しておくことです。

完璧主義になりすぎると、最初から最高レベルのクオリティを目指してしまい、逆に気が重くなり、着手することすらできないという状況に陥ってしまいます。

完璧なプレゼン資料、完璧なブログの記事、完璧なＷＥＢサイト、完璧なサービス内容など、とても高いハードルに感じるわけです。

ですので、私は仕事の完成レベルを**「松」「竹」「梅」**に分けることをお勧めしています。

「松レベル」は、完璧な仕上がりです。時間と労力がかかるレベルです。

「梅レベル」は、不完全だけれども、すぐに取り掛かれて終わらせることができる最も低いクオリティです。とりあえずその仕事を終わらせられるレベルです。

「竹レベル」は、その中間といったところです。

そして、**まずは「梅レベル」からスタートすることを勧めています。**

例えば、プレゼン資料で言えば、「松レベル」というのは、デザインもカッコ良くて、図表や写真、内容を補足するような画像なども入って、必要なことは文章で書かれているので後で見直しができて、という完璧な資料です。

一方で、「梅レベル」というのは、極端にいえばただの箇条書きレベルです。文字だけの箇条書きで、デザインも凝っていない資料です。話の流れや最低限のポイントだけは書いてあるので、何とか本番を乗り切ることができます。

「竹レベル」は、「松」と「梅」の間のクオリティです。箇条書きに文章を付け足したり、できる限り写真や図表を入れていくわけです。

プレゼン資料を作るときは、いきなり「松レベル」をイメージすると本当に気が重くなります。

だとしたら、とりあえず「梅レベル」を完成させてしまいましょう。たぶん、箇条書きであれば、ほんの数十分、長くても1時間もあれば完成するのではないでしょうか。

最低限のクオリティでも完成させてみてください。本当にホッと安心できます。とりあえずは本番に臨めますからね。

一旦、「梅レベル」が完成したら、当日までのふと思いついたときに内容を書き足すようにするわけです。毎日少しずつ資料の完成度が上がっていきます。

もしかしたらプレゼン当日には「松レベル」には到達していないかもしれません。「竹レベル」で本番に臨むことになるかもしれません。しかし、次のプレゼンのときにはさらに良くなっていきます。その次のプレゼンにはもっとクオリティを上げてきます。そうすれば、いつのまにか「松レベル」に高まっていきます。

プレゼン資料だけでなく、ブログ記事、WEBサイト、パンフレット、プロフィールの内容などなど、どんなことでもギリギリOKの「梅レベル」があるはずです。

まずはそのレベルをサッと完成させることから始めてみてください。

そこから少しずつ手を入れていくと、本当にだんだんと良いものになっていきますので。

③制限時間を決めておく

完璧主義に陥りやすい人は、締め切りを設定して制限時間を決めましょう。

篠沢さんという方は、エッセイや絵本をつくりたいとずっと言っていましたが、特に作品を作るということをしていませんでした。

しかし、ある時、一気に絵本を描き上げてしまいました。

いったい何があったのか？　というと、絵本のコンテストに応募したのです。

作品の提出には締め切りがあります。そこに向けて物語を考えて、そして、知り合いのイラストレーターに絵を描いてもらうことにしたのです。

しかし、そのイラストレーターさんが締め切り間際は別の仕事で時間が取れないということが発覚しました。そこで、絵はちゃんと描いたことがなかったのですが、水彩で自分で描いてみました。周りに見せたら好評だったので、そのまま提出することにしました。

提出は締め切り当日。郵送ではなく、直接窓口に持って行ってギリギリセーフ。クオリティはともかく、初めて作品を完成させることができました。

完璧主義を手放すコツの一つはこのように、仕事を完了する時間制限を設けておくことです。時間制限があると、**「まずは完成させること」**に意識が向くようになるため、細かい部分は置いておいて、とりあえず終わらせることができます。

SNSやブログ投稿するときも、○時までに投稿すると制限時間を決めてしまいましょう。そして、その制限時間内でできる完成度で終わらせます。最初の頃は完成度を気にせず、継続的に投稿することにフォーカスするわけです。

そうして継続していると、いつの間にかクオリティの高い文章を書けるようになります。

お客様に提案をしたいなら、まずアポを取って訪問の日程を決めましょう。提案内容や提案書はそれまでに作りましょう。セミナーや勉強会を開催するなら、先に日程を決めて告知してしまいましょう。中身はその時までに考えます。

つまり、期限を先に決めて、その制限時間内にできるベストを目指すわけです。

第５章のまとめ

❶まずやってみる。
スタートすることで初めて完璧に向かって改善できる。

❷私たちにできるのは今のベストを尽くすこと。

❸合格点は60点。
他人に貢献できれば満点である必要はない。

❹チャンスをつかみたいならまず行動。
足りないものは現地調達でいい。

❻自分は完璧じゃないと言える人に信頼が集まる。

❺完璧な商品やサービスは
お客様と一緒に作り上げていくもの。

❼完璧は永遠に追求し続ける。

第6章

本当の意味で楽に成功するには?

[楽したい気持ち]

「40歳までは自分でチラシを配ろう！」と決意した話

私が30代前半の頃、**集客がものすごく楽になった瞬間**がありました。その経験を紹介させてください。

私がセミナー業を始めた頃、「接近戦が大事」だと聞き、いろんなところに出向いて名刺交換をしてチラシを配りました。３ヶ月ぐらいやっていると30～40人ぐらいは集められます。

ただ、毎日のようにセミナーや交流会を探しては、昼も夜も出掛けていくわけなので体力的にはかなりハードです。

1万円のセミナーに３ヶ月で30～40人。それだと収支はトントンで、人件費を考えると大赤字です。ただ、その後連続講座に来てくれる人もいて、何とか採算は取れました。

そこで私が思ったのは、**「40歳まではチラシを配り続けよう」**ということでした。

そう考えると、急に集客に対する気持ちが楽になりました。

どぶ板営業でしんどくて体力的には本当にヘトヘトですが、**「ここまでやれば採算が取**

れて生きては行ける」ということが分かると、精神的にはホッと安心できたのです。
「しんどくてもやる！」と決めると気持ちが楽になると分かった経験でした。

さて、この章で扱うメンタルブロックは「楽したい」という気持ちです。

この気持ちは誰にでもありますし、だからこそ人類はさまざまな技術を発展させて、便利な世の中を作ることができました。

しかし、この「楽したい」という気持ちはやっかいなものです。どう付き合えばいいのかを、この章では解説していきます。

楽を求めるパラドックス

あなたは楽をしようとしたら余計に大変な目にあったという経験はありませんか？
・手を抜いてメールやSNSで一斉にイベントのお知らせを送ったらまったく反応がなくて、ギリギリになって一人ひとりに連絡したものの、すでに予定が埋まっていて余計に集客に苦労した。

・告知する文章を別の人に丸投げしたらまったく売れなくて、結局夜中に自分で作るはめになった。
・チラシのテンプレートを購入して使ってもぜんぜん反応がなく無駄遣いだった。
・サポートの手を抜いたら、だんだんとお客様が減ってきて、中にはクレームを言ってくるお客様も現れた。
・準備を適当にしてスタッフとの打ち合わせをしたら、「よく分からない」「そもそも何でやるの」とさんざんに言われて余計に時間がかかった。
・チームで集客したら楽ができると思ったら、全員がそう思っていて誰もまじめに集客せず険悪なムードになった。

これは「楽を求めるパラドックス」なのですが、**楽をしようとして手を抜くと、逆に時間も手間もかかって一向に楽ができないのです。**

もちろん、業務を効率化することは大切なことです。しかし、楽して結果を出したいという気持ちではうまくいきません。仕組みを作って作業を自動化しても、うまくいく人とそうでない人が出てきます。

特に、売ることに関しては楽することを目指さないのが本当にお勧めです。やはり相手がいることですので、仕組みができたからといってほったらかしで売れるということはあり得ません。どんどん反応は落ちていくものです。

逆に、面倒なこともやると覚悟して行動すると、どんどん成果につながり、結果的には楽になっていきます。

例えば、やっかいなお客様に対して、「この人はとことんフォローする！」と覚悟して対応していたら、だんだんと質問が減ってきて、最終的には別のお客様を紹介してくれるようになった、なんてこともあります。

楽をしないと決めたほうが楽になるものなのです。

人が本当に欲しい「楽」とは？

では、人が求める「楽」とはなんでしょうか？

それは、**精神的に苦しさがないこと**ではないでしょうか？　つまり、心が安定していて、不安や焦りがない状態です。肉体的に多少しんどくても、心が平穏であったり充実したりしていれば問題ありません。

しかし、多くの人は勘違いして肉体的な楽を目指してしまいます。何もしないで寝っ転がって、勝手にお客様がやって来る、売上が上がるということを夢見るのです。

しかし、それでお客様がどんどんやって来るなんてことはなく、逆にどんどん精神的には不安になって苦しくなってきます。

「肉体的に楽なことをしていると、精神的に苦しくなる」ということを、ぜひ覚えておいてください。

繰り返しになりますが、私たちが本当に欲しいのは精神的な安定です。心の安定が得られるなら、少々疲れてもそれは心地の良い疲労です。

私はよくクライアントに**「リラックスしましょう」**と言います。しかし、それはソファに横になってのんびりしようと言っているわけではありません。

逆に、**「大量行動しましょう」**とお伝えすることも多いです。そう言うと、歯を食いしばって苦しくても行動しろと言われている気がすると多くの人が言います。

しかし、この2つは両立します。行動はどんどんして、ただ、心の中は焦らずに淡々と楽しんでくださいねと言っているのです。

売れる人というのは、「リラックス×大量行動」ができる人なのです。

売ることが精神的に楽になる7つの考え方

ここでは、売ることが精神的に楽になる考え方を7つご紹介します。

①大切な仕事だと思う

まず知っておいて欲しいのは、売ることは最も大事な仕事だということです。

ある時、魚屋さんを経営されている方と話す機会がありました。なんと、朝2時起きで魚市場に仕入れに行っているとのこと。それも毎日です。

「ええっ！　すごいですね」と私が驚いたら、その人は**「いやいや、仕事ですからね」**と、さも当然という表情で言いました。

確かに、それが自分の仕事だとしたら、それぐらいやるかなと私も納得しました。

次に私の話になって、「メールマガジンを毎日配信している」という話をしたら、今度は魚屋さんが「ええっ！　すごいですね」と驚きました。逆に私が「いやいや、仕事ですから」と言いました。メルマガをやめたら私の売上はほぼゼロになってしまうからです。

その時に思ったのですが、SNSやブログやメルマガが継続できない、交流会に行く時間やポスティングをする暇がない、と言っている人は、**それが大切な仕事だと思っていないのではないかということです。**

しかし、売ることにつながる活動をしなければ売上は上がりません。勝手にお客様はやって来てくれません。

売るという仕事は重要な仕事なのです。時間がある時にやる仕事ではなく、最初にやるべき大切な仕事なのです。

②やればやるほど楽になる

次に知っておいて欲しいことは、**大変なのは最初だけだ、**ということです。

よくあるのは、新しい集客の方法を使ってそれなりに結果が出ているのに、1回でやめてしまうケースです。

うまくいっているのになぜだろうと聞いてみたら、多くの人が、「**こんなにしんどいならもうやらない**」と言っていました。慣れないことをして、よっぽど疲れたのでしょう。

だからといって、やめてしまうのはもったいない話です。なぜなら、**しんどいのは最初だけだからです**。

私も、SNSやメールマガジンの執筆、動画の収録などは、最初の頃は本当に時間がかかりました。しかし、今ではそれほど時間がかかりません。チラシを作るのも、WEBサイトを作るのも、そこに載せるプロフィールを書くのにも相当時間がかかりましたが、今は慣れたものです。

また、初対面のお客様の場合は話が盛り上がらないこともよくあります。しかし、そんなお客様と長い付き合いになることもあります。

どんなことでも1回目は大変で疲れるのが当然です。やったこともないことだし、他人に気を使うことも多いでしょう。

しかし、2回目は経験済みのことばかりなので疲れ方が半分ぐらいになります。そして、3回目、4回目と繰り返すたびに、どんどん楽になっていきます。

『成りあがり』という本の中で矢沢永吉さんが、

「最初、サンザンな目にあう。二度目、オトシマエをつける。三度目、余裕。」

と書かれていますが、まさにその通りだと思います。

③最も楽な集客方法とは？

ここで、最も楽な集客方法をこっそり教えます。

それは、**「一人ひとりに声をかけること」**です。

そう言うと多くの人が「面倒だ！」「余計にしんどい！」と言います。

しかし、これはウソではありません。本当にそれが最も楽に集客できるのです。

例えば、講演会に何百人も集める有名な人から、ちょくちょくＳＮＳを通じてメッセージが来ます。お誘いの案内です。

周りに聞くと、他の人にもその人からメッセージが来ているそうです。

「あんなに集客できるのに、まだ一人ひとりにメッセージしてるんですね」

とその中の一人が言っていたのですが、そうではありません。**一人ひとりにメッセージ**

を送っているからあんなに集客できているのです。

また、友人のしもやんこと下川浩二さんは、保険営業マン時代、出会った人に筆文字でハガキを送っていました。ハガキを筆文字で一枚一枚書くのです。

時間はかかりますが、それでも効果は高いです。**筆文字ハガキを送れば送るほど信頼関係の深い人ができて、保険が紹介で売れるようになったそうです。**

毎日10人に送れば、10日で100人に。1ケ月で300人に送れます。実際にしもやんは1年で3千人に送っていたそうです。

もし手を抜いて、SNSに投稿して千人ぐらいがサッと見ても、反応がないのが普通です。**「直接メッセージをくれたんだな」**と思うから、みんなが反応をくれるのです。

もう一人、友人の遠藤晃さんは独立したばかりの頃、セミナー集客のためにポスティングをされていました。

最初は自分でチラシを1枚1枚投函していたのですが、効率化を図るためにポスティング業者に依頼したそうです。お金さえ払えばやってくれるのでかなり楽になりました。

しかし、結果はさんざんです。まったく集客できなくなりました。

実際に業者さんがどんなふうにチラシを撒いているのかを見に行ったら、束のままポンとマンションに置いてあるところもあったそうです。

これは意味がないと思い、結局、また自分でポスティングをするようにしました。するとまた集客できるようになりました。**効果としては3倍ぐらい違ったそうです。**

やはり、少々しんどくても、「**一人ひとりが一番早いし楽だ**」というのが、周りで結果を出している人が口をそろえて言う言葉です。

④他人が嫌がるから成功できる

もし、あなたが売ることがしんどいとか面倒だと思っていたら、それはチャンスかもしれません。それを事例で解説します。

「すえひろでんき」というまちの電器屋さんがあります。

友人の二郎さんはそこの二代目です。

家電量販店にシェアを奪われて、どんどんまちの電器屋さんが撤退する中、彼のお店はとても繁盛しています。

それはなぜか？

家電量販店が面倒だと思ってやらない仕事をやっているからです。お客様のお宅に伺って家電製品の設置や修理をコツコツとやるわけです。

これは昔ながらの電器屋さんがずっとやってきたことです。しかし、多くのお店が家電量販店につられて価格で勝負し、こういうサービスを減らしました。面倒ですし、体力もいるしキツいです。価格を下げたらこんなサービスはやってられません。

しかし、二郎さんは楽しんでコツコツとやり続けました。

するとどうでしょう。他の電器屋さんからお客様がどんどん流れてきたのです。「うちではやれないんで、あそこに行ってください」と、他店から紹介されることもあります。

他の人が面倒でやってられないことをやり続けることができたら、オンリーワンになれるという事例です。

もし、売ることがしんどくて面倒と感じたら、それはチャンスかもしれません。そんなにしんどいなら他の人があきらめてくれます。あなたはただ、淡々とやっていれば、いつのまにかオンリーワンになれるのです。

二郎さんの場合は、さらに事業とは関係ないコンサートなどのイベントを開催したりもして、地域の人たちから愛される存在になっています。

⑤苦労しても良いじゃないか

しんどいことや苦労について、障がいを持つお子さんの父親である、ある方のスピーチを聞いて「ハッ！」とさせられたことがありました。

同じような境遇の親御さんとしては、「自分の子が苦労するのではないか？」「自分がいなくなってもやっていけるのか？」と、とても心配になると思います。

しかし、この方のご自身のお子さんに対するメッセージは違いました。

「お前は、人一倍苦労すればいい！」

と、涙ながらに語っていたのです。

一瞬、衝撃を受けましたが、確かにそうだと思いました。

自分の子どもに「幸せになって欲しい」というのと「苦労させたくない」という気持ちが入り混じって過度に心配してしまいがちです。しかし、本当はたくさん苦労すればいいですよね。そうやって人間は一人前になります。**子どもは親が思うより強いしずっとたくましいものです。**それを信じられるかどうかは親の方の問題です。

自分の子どもが苦労することを覚悟して、「それでも生きていけ」というその方のメッセージは、心にズドンと突き刺さりました。

そして、今の自分はどうだろうか？　と考えさせられました。

自分自身も、もっと苦労すればいいのではないか？　なぜ、楽をする必要があるのか？「若いときの苦労は買ってでもせよ」ということわざもあるぐらいです。

原稿を書いていて、ふと高校時代のことを思い出しました。

私は高校時代に柔道部に所属していました。

2年生のときだったと思いますが、めずらしく大阪にも雪が降り、校庭は真っ白でした。多くの部活は、雨の日のメニューとして隅っこの方で筋トレをしたりしていました。

普段、顧問の天岡先生はあまり部活に顔を出さないのですが、その日は珍しくひょっこり顔を出しました。

そして、一言、

「はだしで校庭を5周してこい」

と言って、職員室に帰って行きました。

私たちは驚きましたが、柔道着を着てはだしで雪の積もる校庭を走り始めました。どうして素直にいうことを聞いたかと言うと、部員のみんなが天岡先生を尊敬していたからです。

先生は部員だけでなく幅広く生徒にも人気があったし、やんちゃな生徒からも一目置かれていました。当時は学年主任をされていて、学校全体のOB会の会長も長らくされていました。面倒見が良いし、誰もが天岡先生の言うことなら聞いていました。それだけ人望のある人でした。

走り始めてものの1分で足の裏の感覚がマヒしてきました。雪はもう固まっていて、冷たいというより痛いです。しかし、私たちは黙々と走り続けました。ザクザクという雪が砕ける音だけが聞こえました。

他の部員はどう思ったか分かりませんが、私は天岡先生の言うことには何か意味があるのだろうと思っていました。

そして、数十分後、足を真っ赤にして私たちは柔道場に帰って来ました。キツかったとはいえ、みな一様に充実した顔をしていました。「ひどいことさせるなぁ」と言いながらも楽しそうでした。

あの時、なぜ私たちに雪の上をはだしでランニングさせたのか？　真意を聞かないまま数年前に天岡先生は亡くなられました。しかし、私たちを信じて、あえてこんな経験をさせたのだということはみんなに伝わりました。貴重な経験でしたし、何よりとても自信につながりました。

苦労は何も若い人だけの特権ではありません。**何歳からでも苦労してもいいのではないかと思うのです。そこで得られるものが必ずあります。**

それに、苦労と不幸は違います。そんなに悪いことではありません。
ただし、苦労しないと結果が出ないというわけではありませんので誤解しないでくださいね。楽しみながら結果が出ることに越したことはありませんので。

⑥思い通りにならないから充実できる

私は10年ほど３００人規模のセミナーをやってきましたが、7年目ぐらいから、本当に簡単に集められるようになってきました。
それはそれでありがたいのですが、人間というのは不思議なもので、簡単に集まるとつまらなくなってくるものです。

そこで、2ヶ月前から始めていた集客を、1ヶ月前からやるようになりました。スリルがありましたが、ちゃんと満席になりました。

その次にチャレンジしたのは、海外旅行に行きながら集客することで、これも満席にすることができました。

だんだんと自分の中でハードルを上げていくことで、張り合いを保つことができました。

しかし、最終的には10年でやめて、新しいチャレンジをすることにしました。

贅沢な話に聞こえるかもしれませんが、簡単にできることはだんだんと虚しくなっていくものです。

逆に、**セミナー業の立ち上げ段階は必死にいろんなことを試しては失敗して、本当に充実していたと思います。**ああでもない、こうでもないと言いながら、いろんなことに挑戦しました。そして、結果が出たときの喜びはとても大きなものでした。

今、もし集客や営業でうまくいかないとしたら、ぜひ、その試行錯誤のプロセスを楽しんでください。振り返ってみたら、その時が一番充実しているはずです。

思い通りにいかないからこそ、そのプロセスを楽しむことができるのです。

⑦他人の力を借りるのはもっと貢献するため

ここまで、「楽しようとしない」というお話をしてきましたが、何でも自分でやれという意味ではありません。一人で抱えるのは良くありません。何でも一人でやっていると何事も進みません。他人に助けてもらえる人が一流なのです。

その時に大事なのは、その動機です。

楽をするために他人の力を借りてもうまくいきません。思うとおりに人が動いてくれないからです。自分が楽をするために社員を雇ったり、仲間でチームを組んだりすると余計にイライラしますので注意してください。

うまくいくのは、もっと貢献するために他人の力を借りるときです。

私の知っている社長さんは、みんな誰よりも早く出社しています。トイレ掃除や雑用を率先してする方もいらっしゃいます。

人気講師となると、おぜん立てが整ってから満を持して登場する人も多い中、私の恩師の福島正伸先生は、合宿セミナーでは会場となるホテルの玄関で待ち構えています。参加者を喜ばせるためなら労力を厭わないのです。

世の中に価値と感動を提供しようと休みなく働かれている人の周りには、たくさんの協力者が集まり、いつしか自分のやりたいことがすべて叶うようになってしまうのです。

楽しく大量行動できる3つのノウハウ

ここまでで、楽をしようと思わない方がうまくいくということが、だんだんと腑に落ちて来たのではないかと思います。

では、楽しようとせずに、楽しんで大量行動するためにはどういう工夫をすればいいのでしょうか？

ここでは、3つの具体的なノウハウをご紹介します。

①目的を常に貼っておく

まずできることは、目的を常に見えるところに貼っておくことです。

友人の鈴木ケンジさんは、マーケティングを教える仕事をされていましたが、事業拡大をしてフリースクール事業なども始めました。赤坂の一等地に綺麗なオフィスを構え、正社員も20人近くになりました。

しかし、その矢先に金銭トラブルに巻き込まれてしまい窮地に陥りました。

その時に雇った社員に辞めてもらうお願いをし、残った社員の給料を支払うために悪戦苦闘の日々が続きました。一時期は声が出なくなったりもしました。

しかし、何とか乗り切り、今は通常営業されています。

その時、心の支えになったのはご自身の理念です。理念を忘れなかったので苦しいときでも投げ出さずに乗り切れたのです。

鈴木さんの理念とは、「努力の方向が間違っている人を助ける」ということです。その思いを忘れなかったから、どん底でも踏ん張ることができたそうです。

ご自身がサラリーマン時代に徹夜で頑張っているのに成果が上がらず、心も身体も壊してしまっていた時、ある方の一言で頑張り方を変えて成果が出た経験があり、自分と同じように頑張り方を間違っている人を救いたいということで事業を始めたのでした。

理念を忘れないために鈴木さんがやっていたことがあります。それは、発信しているメールマガジンや自分の著書に、いつも自分の理念を書いたり、セミナーで毎回話すということです。起業当初の気持ちを毎日配信しているので忘れないでいられるのです。

多くの人は目的を忘れて、目の前の作業に忙殺されます。そして、最初はやりたかったことのはずなのに、いつの間にか義務感、やらされ感に陥り、結局は面倒でやめてしまうのです。

しかし、常に目に触れるところに置いておくだけで目的を忘れずにいられます。

名刺に自分のポリシーを書いている人もいます。

WEBサイトに自分の思いを書いている人もいます。

講演をする人は、毎回自分の理念を語っています。

努力し続けられる人は、ストイックなのではなく、ただ目的を忘れない工夫をしているだけなのです。

②最初は強制力を使う

次のコツは強制力を使うことです。

私は一時期、いくつかのプロジェクトは順調に進むのに、なぜか進まないプロジェクトが2つか3つあるという状態がありました。

その原因はすぐに分かりました。**進まないプロジェクトはどれも自分一人でやろうとしていたのです。**本の執筆、自社ＷＥＢサイトのリニューアル、動画の撮影など、サボっても誰も何も言わないものは、ずるずると後回しになっていました。

それに気づいてから、**「一人プロジェクトを作らない」**ということに気をつけるようになりました。要は、必ず強制力を使うということです。

もともと講座や教材制作は、プロデューサーやスタッフの皆さんがいるのでサボれません。ちゃんと次のミーティングまでに進めておこうと思いますので。

本の執筆の場合はコーチをつけると毎週進むようになりました。

動画の撮影も、シナリオ作りの打ち合せを隔週で入れることや、ライブ配信して視聴者がいるところで収録をすることでどんどん進むようになりました。

なかなか進まないときには、このように人との約束を入れてしまって強制力を使うことがお勧めです。

提案書ができてから取引先にアポを取るのではありません。訪問のアポを取るから前日までに提案書を作るのです。

セミナーの内容が決まったら告知しようと考えていると、ずるずると先延ばしになります。まずは日程を決めて、必要なら場所も決めましょう。そして告知してしまいましょう。内容は前日には決まっているはずです。

③習慣化する

最後のコツは習慣化できるしくみを作ることです。

ある時、私は『竜馬がゆく』という長編小説を一気に読もうとしたら挫折してしまいました。文庫本で全8巻あるのですが、最初の1巻で挫けて、本棚に4年ぐらい置きっぱなしになっていました。

このままでは永遠に積読になると思い、それならば毎日1ページずつでも読むことにしました。ページを数えたら10年かかる計算ですが、ほったらかしで4年経ったのだから、それでもいいかと思いました。毎日1ページなら負担にはなりませんので。

そして、「コーヒーを淹れるときに読む」という習慣にしました。

すると、ドリップする時間でだいたい毎日4ページは読めますし、面白い箇所は20ページぐらい進んだりしました。そして、結局4ヶ月弱で読み終わりました。

一気に読もうと思うと挫折して数年間ほったらかしで、毎日コツコツ読めば、たった4

ヶ月で読めてしまうのです。習慣化して毎日取り組むことの威力を感じました。

これで自信をつけて、『風と共に去りぬ』『戦争と平和』『ドラッカー名著集』などを読破していきました。

売ることに関する仕事も、ぜひ習慣化してコツコツ続けてください。

例えば、私はメールマガジンを毎日書いていますし、ＳＮＳも日々投稿しています。すべて毎日の習慣にしています。だいたい、どれも午前中のどの時間にやるかを決めていますので迷うことがありません。

先述のしもやんは、「朝の時間はファミレスでハガキを書く」と決めていたそうです。

毎日の分量は小さくてかまいません。習慣化してコツコツやっていると、いつの間にかすごい領域にまで到達できています。

ちなみに、本書もコツコツ書きました。

第６章のまとめ

❶「楽しない」と決めたときから結果が出始める。

❷大変なのは最初だけ。だんだん楽になっていく。

❸リラックスしているから大量行動できる。

❹他人が嫌がることを続けられたら成功できる。

❺思い通りにならないから充実できる。

❻努力しがいのあることに人生を使おう。

❼他人の力を借りるのはもっと貢献するため。

第7章

自分で正解を見つけられる方法

【確実性】

主婦向けのラジオ番組で集客できた話

私がセミナーの集客を頑張っているときに、友人が「ラジオで告知させてあげるよ」と誘ってくれました。

ただし、その方がパーソナリティをやっているのはコミュニティFMという狭い地域での放送です。しかも、週末の朝9時からの番組で、リスナー層は主婦だそうです。

それを聞いて、出演するかどうか一瞬迷いました。セミナーの対象者はコンサルタントや講師業など、人を育てる職業の方々です。ですので、その番組に出ても集客につながらないのではないかと思ったからです。

しかし、せっかくの申し出ですし、その時間に何も予定がないので出演させてもらうことにしました。

当日のその番組の放送時間は1時間で、私の出演時間はたった5分でした。元々別のゲストの方がいて、私は急遽出させてもらったからです。あまり効果はないと思いつつも、やるだけのことはやりました。

放送終了後、そのゲストの方にあいさつをして話していたら、「集客は大変ですよね。じゃあ、知り合いに行かせますよ」と、その場で電話をしてくれ、申し込んでもらいました。まったく予想していなかった展開に、私はものすごく驚きました。

しかも、そのゲストの知り合いに、セミナーだけでなく、その後の連続講座も受講していただくことになりました。そして、いまだに交流があります。

つくづく人生は何が起こるか分かりません。あの時、「ラジオなんて意味がない」と出演を断らなくて本当に良かったと思います。

「そんなの単なる偶然だ！」

と言われたらそのとおりです。私もただの偶然だと思います。

しかし、そもそも人とのご縁や、仕事、商品の大ヒットなどは偶然の積み重ねでできています。

売れるかどうかのポイントも、実は偶然が起こるまで行動するだけのことなのです。

売ることに慣れていない方は、売上がドカンと上がる、あらかじめ決まった正解があるのではと思ってしまいます。「成功者しか知らない特別な方法があるに違いない」と。

しかし、実際は違います。**正解が見つかるまで行動し続けるのが正解なのです。**

本章では、正解を求めたくなる「確実性」のメンタルブロックについて解説します。

正解が欲しくなる理由

人生やビジネスにあらかじめ決まった正解はないのにも関わらず、なぜ人は正解が欲しくなってしまうのでしょうか？

それには、大きく3つの理由があると考えています。次のようなものです。

正解を求める理由①：正解がある世界にいたから

学校の勉強には正解があります。その正解を暗記したり、早く到達することに私たちは慣れてきました。また、サラリーマンの世界でも、決められたことをやって評価されるという経験が多いと思います。

そのため、そもそも正解があるものだと思い込んでしまう癖ができてしまっているのではないでしょうか。

正解を求める理由②：無駄なことをしたくないから

2つ目の理由は、無駄なことをしたくない気持ちです。

世の中には「たったひと月で100万円稼ぎました！」というような、短期間で成功した事例で溢れています。

それを見すぎると、時間や労力をかけることがバカらしくなってしまうのです。地道にコツコツ積み重ねていくことが、なんだか損したような気分になるのです。

正解を求める理由③：今まで結果が出ていないから

3つめの理由は、今まで結果が出ていないので、違うやり方があるに違いないと思ってしまうからです。

あなたも今まで、結果を出すためにいろんなことに取り組んできたことでしょう。しかし、あれこれ試したのに結果が出ないということは、やはり成功している人しか知らない特別な方法があるに違いないと思ってしまうものなのです。

本当はそんなことはないのですが。

正解を知っている唯一の存在とは？

繰り返しになりますが、あらかじめ正解が分かっていることなんて、人生でもビジネスでもありません。10年前に成功した人のやり方を真似ても、今だとうまくいかないでしょう。1年前に出版された本の内容でも、表面的なノウハウであれば役に立たないことも多いはずです。

では、正解というのは、どう探したら見つかるのでしょうか？

その答えはシンプルです。**お客様が「買う」と言ってくれたらそれが正解だということです。**ビジネスにおいては、お客様しか正解は知りません。

しかも、**時代によってお客様の求めるものもどんどん変わってきますので、その時は正解であっても来年は不正解になってしまうのです。**

「私のこの商品は売れるでしょうか？」と意見を求められることがありますが、最終的には私にも分かりません。テストしてみてお客様の反応を見るしかないのです。

単純明快な話ですが、この原理原則を常に頭に置いてください。

正解が分からなくても迷わない7つの考え方

では、正解がないビジネスの世界で、どうすれば成果を上げていけるのでしょうか?

ここでは、正解が分からなくても迷わない7つの考え方をご紹介します。

①本気でやればどんな方法でも正解になる

「どのSNSが成功しやすいですか?」

「あれとこれとどちらの交流会に参加したほうがいいと思いますか?」

「デザインの綺麗なチラシと、手書きチラシ、どちらを作ったらいいですか?」

こういった、「AとBのどちらが良いか?」という質問をしたくなるのは、正解を欲しがっているときです。

しかし、この質問には答えがありません。AでもBでもどちらでも正解だし、どちらでも不正解になります。なぜかというと、**本気でやればどちらの方法でも成功するからです。**

どのＳＮＳでも成功している人がいます。

どの交流会でもうまく活用して成功している人がいます。

きれいなチラシで成功している人もいれば、手書きチラシで成功している人もいます。

そういう人たちは、成果が出るまでとことん本気でやっているだけです。別の方法を選んだとしても、その人たちは成果を出したのではないでしょうか。


この「本気」というのは本当に大事です。

ある時、ご自身のイベントに40人集めたいという人がいました。

「集客の方法が分かりません。このままだと1人も集められない」と言っていました。

そこで、私がこう聞きました。

「もし、40人満席にしたら1千万円もらえるとしても難しいですよね？」

すると、いきなり反応が変わりました。

「1千万円もらえるなら絶対集めますよ！」

「でも、集客方法が分からないんじゃないですか？」

「なんとかします！」

そう言っている本人も自分の本気度が違うことを納得して、「そうか、本気ってこういうことですね。この気持ちだったら集客できますよね」と笑っていました。

②簡単に正解を見つける方法

先述したように、正解はお客様しか知りません。ですので、正解を見つける方法はズバリ！　お客様に聞くことです。

お客様に聞くというのは、カッコ良く横文字でいえば「マーケティングリサーチ」といわれるものです。**小難しく聞こえますが、要はお客様に欲しいかどうかを聞くだけです。**

サービスの内容、提案内容、ＷＥＢサイトの内容など、自分一人で時間をかけて考えても答えは分かりません。さっさと周りの人たちや見込み客に意見を聞きましょう。

「何に困っていますか？」「どんなサービス内容なら買いますか？」「いくらまでなら買いますか？」など、知りたいことはどんどん聞けばいいのです。

また、もし聞けるのであれば、迷って買わなかったお客様に「買わない理由」も聞いてみましょう。意外な答えが返ってきて、そこを改善したら一気に売れるようになった、なんてこともよくあります。

次々と商品を出している人や、提案がどんどん受注につながっている人は、多くの場合、アイデアがすごいのではありません。**相手のニーズをしっかり聞いているだけなのです。**

なお、第3章で触れましたが、まったく興味のない人たちの意見はあまり参考になりませんので念のため。

③確実に成功できる方法とは

次に確実に成功する方法を事例で説明します。

友人に、アイスマン福留さんという人がいます。

今はアイス評論家として活躍されていますが、その前は面白グッズの販売、そしてその前はWEB制作、さらにその前はシステムエンジニアをされていました。

そして、一番初めは何かというとトラック運転手をしていました。

彼は、トラック運転手を8年間していて、まったくの素人からシステムエンジニアに転職したのです。まったくの未経験からシステムエンジニアへの転職というのは、通常は考えられません。いったいどういう方法で彼は転職できたのでしょうか。

その答えは簡単で、受かるまで面接を受けただけです。

数でいうと約100社の面接を受けたそうです。彼は、面接を受け続けていれば、まぐれで1社ぐらい受かると思い、ひたすら行動し続けました。

だいたいどの求人にも「未経験歓迎」と書いてあったのですが、実際には「えっ本当に何の経験もないの？」と驚かれて、5分で面接が終了、そして不採用ということがずっと続きました。

普通なら数社受けたところで心が折れるところですが、「たった1社でいいんだから、どこかが拾ってくれるはず」と、彼は行動を止めませんでした。

そして、とうとうその日が来ました。少し大きな会社の人事部長さんが彼のことを気に入ってくれて採用が決まったのです。会社に余裕があったので、未経験の彼を育ててあげようと思ってくれたそうです。

実は、これが確実に成功する方法です。つまり、思いつく当たり前のことを数多くやるということです。**いわゆる「大量行動」や「凡事徹底」と呼ばれるものです。**

結果を出している人はだいたいみんな同じです。

地方の学習塾で数千万円の売上を上げている経営者がいますが、彼がやっているのはポスティング、学校の登校時の小学生にチラシを配る、生徒に友達を紹介してもらうなど、誰でも思いつくことです。

あるマリンバの演奏者は、そこまで知名度がないにも関わらず、ご自身のリサイタルに200名ほどの観客を集めていました。やっていることは単純で、つながりのある人に一人ひとりメッセージを送って誘っているだけでした。

毎回、有名な経営者を主催する勉強会に呼んでいる方がいるのですが、なぜ彼が多くの経営者との人脈があるかというと、経営者の出された本を読んで感想を送っているだけだそうです。そこからつながりができる人もいればできない人もいるとのことでした。

繰り返しになりますが、**確実に結果が出る秘訣は、数多くのアクションを起こすこと、当たり前のことを徹底的にすることです。**

「なんだ、そんなことか」とガッカリされた方もいるかも知れません。

しかし、私はこの「大量行動」や「凡事徹底」のお話を聞いて、とても嬉しくなりました。**成功者しか知らない特殊な方法でもなく、生まれつきでもなく、行動し続ければいいだけなら誰でもできるからです。**

④最も再現性のある成功法則とは

結果を出している人の話を整理して、再現性のある成功法則を導こうと思っても、それはとても難しいことでした。なぜなら、皆さん「たまたま」成功しているからです。誰にお話を聞いても、こうやったら必ず成功するということは教えてもらえませんでした。

例えば、あるライターさんが初めて仕事をもらったのは、たまたまセミナーに行ったときの出会いからでした。

ある焼肉屋のオーナーの男性がお店を出せたのは、富裕層の方々に送ったお願いの手紙に返事をくれ、お金を出してくれた人がたまたまいたからです。それまで、彼が本当にお店をオープンできるなんて誰も思っていませんでした。

ボディメイクのインストラクターがチラシを置かせてもらいに行った子育て支援センターで、たまたまスタッフの方に気に入ってもらえて初の生徒さんになってもらえました。

ある経営者が会社の立ち上げの時期に2千万円の出資者を見つけました。それは、たまたまレンタルオフィスで初めて会った方に声をかけてみたら、その人の働く会社の社長さんが出資してくれることになったからです。

あるベストセラー作家が言うには、ヒット作が出たのはたまたまだそうです。書き続けていたらベストセラーが出たのです。

唯一、再現性があるとしたら、誰もが**「たまたま成功するまで行動し続けている」**と言うことです。

集客や営業には、これさえやれば必ず成功するという再現性のあるノウハウというものはないと思ったほうがいいでしょう。そんなものがあれば、誰でも成功してしまいます。

しかし、「行動し続けたら成功する」ということには再現性があると思います。**圧倒的な数の行動をすれば誰でも成功できると私は思います。**

他人の3倍や5倍を基準にして、ぜひ、行動してみてください。

SNSを人の3倍発信し続ける。交流会に今までの3倍出てみる。そんな基準で行動してみてください。きっと何かが変わります。

⑤無駄なことは何もない

ふと思いついて、周りの経営者に「やってみて無駄だったことは何ですか？」と質問して回答を集計してみたことがあります。

すると、例外なく全員が、**「無駄なことは何もなかった」**と答えました。

もちろん、お金をかけた広告から売上が1円もなかったとか、時間をかけて提案書を作ったのに当て馬にされただけだったとか、交流会に行ったけど期待する人たちとはつながれなかったなどという経験は誰にでもあります。

しかし、それでも無駄なことはなかったと誰もが断言します。行動すれば、思いもよらない結果が後からついてくるし、思いもよらない形でリターンが返ってくるからです。

これを、田坂広志さんは、目に見えない報酬として、次の**「4つのリターン」**として『知的プロフェッショナルへの戦略』という本の中で説明されています。

①ナレッジ・リターン（知識報酬）
②リレーション・リターン（関係報酬）
③ブランド・リターン（評判報酬）

④グロース・リターン（成長報酬）

たとえ、やってみたことがお金につながらなかったとしても、仕事を通じて「知識」を身につけることができます（ナレッジ・リターン）。

その活動を通じて新たな「人間関係」を構築するチャンスもあるでしょう（リレーション・リターン）。

それに、良い仕事をしていれば実績をつめるし、ちゃんと見てくれている人がいるものです。「良い評判」ができるとさらに良い仕事にありつけます（ブランド・リターン）。

そして、何よりその経験から自分が「成長」することができるというのです（グロース・リターン）。

このような形のないリターンが将来につながるということです。

私も、ビジネスにおいて、そして人生において、無駄なことは何もないと思います。

理論的には証明できませんが、先人の多くがそう言っているのだから、そういうものなのだろうと思います。

もちろん、アップルの創業者のスティーブ・ジョブズが言うように、あらかじめそれがどう役に立つかは分かりません。**点と点をつなげることは後からしかできないのです。**

ですので、迷ったらすべて試してみましょう。

どの商品を売ろうか迷っているのであれば、それぞれの商品のテーマごとに、小さく発信してみるところから始めればいいと思います。

どの交流会やセミナーに行っていいのか分からないのであれば、時間とお金の許す限りすべて参加してみれば良いと思います。

イベントをやろうと誘われて迷っているなら、とりあえずやってみれば良いと思います。

どの本を読めば良いのか分からない場合は、10冊とか30冊の単位で、すべて読めば良いと思います。図書館で借りてもいいでしょう。

その中でうまくいくのは一握りですが、**結果につながらなかった行動も長い目で見れば無駄にはなりません。**

それよりも、**正解を探すだけで何もしない時間が最も無駄だと思います。**効率を求めて無駄を省こうとして、結局、貴重な人生の時間を無駄にしてしまわないようにしてください。

⑥あらゆる手段を駆使する

先述の300人のセミナーを満席にしていた頃には、「どうやって集客するんですか？」とよく聞かれました。

この質問には一言では答えられません。

なぜなら私は、300人を集めるたった一つの方法は知らないからです。しかし、**1人に申し込んでもらうための小さな施策は知っています。私はそれをすべて実行しただけなのです。**

チラシから数十人、メルマガから数十人、SNSから数十人、広告から数十人、紹介から数十人という具合に、本当にありとあらゆることをやって、トータルで300人になっているだけなのです。

「チラシから数十人」といっても、一度に集客できたわけではありません。それこそ数十回ほど交流会に参加してようやくその人数です。1回の交流会でチラシを配布しても、1人か2人しか申し込んでもらえないからです。

また、SNSへの投稿も相当な数です。SNS自体もたくさんありますし、その中のコミュニティもたくさんあります。私はいろんな場所に顔を出して、数十のコミュニティに所属しSNSのグループに入れてもらいました。そのグループに告知させてもらうのですが、各コミュニティからの申し込みはやはり1人か2人なのです。

「紹介から数十人」といっても、誰か1人が数十人も紹介してくれるわけではありません。Aさんから1人、Bさんから1人、Cさんから1人というふうに、数十人の人に紹介をお願いして、トータルで数十人になっているだけです。

一つの方法で1人しか集客できないとなると、多くの人はガッカリします。しかし、本当はそれは喜ぶべきことです。**0人であればいくらやっても0人ですが、一つの方法で1人であれば100個やれば100人集められるのですから。**

⑦まず、やると決める

最後に大事なことですが、結果を出す人は、やり方が分からなくても「やる」と決めています。

私の恩師の福島正伸先生は、東日本大震災の後に、被災地の3ヶ所で人が元気になるような講座をやりたいと考えました。

しかし、その当時は人的ネットワークも予算もなく、どうしたら実現できるかまったく分かりませんでした。そのまま会場を借りて開催しても集客できなかったと思います。また、参加費は無料にしたかったので、その予算もありませんでした。行政に連絡しても、「今はそんな暇はない」と相手にされませんでした。

そんな状態でも、福島先生は、

「私はこんな講座をやります！　やり方はまったく分かりません」

と多くの人の前で宣言されていました。

その約1年後、福島先生は念願の講座を開催されていました。

会場は満席です。各地で活躍されている経営者との人脈もできていました。そして、行政からのバックアップももらい、会場を使わせてもらい、たくさんの参加者を集めてもらうことができたのです。

このように中長期的に夢や目標を叶える人というのは、やり方がまったく分からないところを切り開いていきます。

やり方が分かってから行動するのではありません。やり方が分からなくても、「私はこれを実現する」と決めるのです。周りに公言する人も多いです。

「どうしたらできるのだろう？」と、やり方ばかりを考えると、できないイメージが浮かんできて嫌になります。経験がないのですから、自分で考えても解決策はなかなか出てこないものです。

しかし、**やると決めると後からやり方が見つかります。**達成したイメージを描いて、ワクワクした気持ちでいれば、必要な情報に自然と気づきます。そして、周りに公言すると、必要な情報を提供してくれる人が現れます。

福島先生の場合も、とにかく今までのつながりをたどってみることで、各地の経営者との人脈を作ることができました。また、思いがけないところから援護がもらえ、行政の方々のバックアップをもらうことができたのです。

やり方は後から見つかりますので、ぜひ、「やり方はまったく分からないけど、やる！」と決めてください。

正解を見つける、具体的な3つのノウハウ

正解はあらかじめないわけですが、それでも、自分なりの正解を見つける必要があります。そのための3つのノウハウをご紹介します。

①成功するアイデアを生み出す具体的な方法

第3章に書いた、千人の会場を借りた学生向け講演会の話の続きです。

私は居酒屋での女性の一言で、「たとえ、会場がガラガラでも、学生の人たちにきっかけさえ与えたらそれでいい！」と、腹をくくることができました。

そして家に帰宅後すぐに、当日までに自分のやれることをもう一度洗い出そうと思い、アイデアを30個以上ノートに書き出しました。

そして、次の日から、優先順位をつけて一つひとつ実行していきました。

ほとんどの打ち手は何の成果にもつながりませんでしたが、たった一つが当たりました。

メールマガジンに「学生の集客を手伝ってくれる人を募集します」と書いたら、たった

1人だけ連絡をくれたのです。それが塚本さんという方で、学生とのつながりを当時たくさん持っていました。彼が数十人の学生を集めてくれて、その人たちがさらに周りの学生を集めてくれたことで、講演まで残り3週間で600人の申し込みが集まったのです。

実は、結果を出す人の多くはこれをやっています。

集客や営業のアイデアを大量に挙げるということです。それを、100個とか、もっと細かくして千個のレベルで挙げています。

とある上場企業の経営者は、売上アップやコスト削減のアイデアを毎日100個挙げているそうです。経営者の仕事は答えのないことを考え続けることですからね。

これらのアイデアの99％は使えません。しかし、1％はドカンとヒットするのです。

ですので、あなたの質問が「具体的に何をすれば良いのですか？」であれば、答えは**「結果を出すためのアイデアを100個書き出してください」**ということです。

もしかしたら、そんな数のアイデアは出せないと思うかもしれませんが、やってみると出てきます。慣れてくるとどんどん出てきます。

毎日1時間、アイデアを考え続け、そして一つずつ実行している人は必ず結果が出ます。

②正解はなくても原理原則は学べる

次に大切なのは、正解ではなく原理原則を学ぶことです。

あるリラクゼーションサロンの経営者がレストランで、誕生日のお客にサプライズプレゼントのデザートが出されているところを見ました。そのお客はものすごく喜んで興奮していました。

それを見ていて、「こんなに喜ばれるものなのか」と驚いたそうです。なぜなら、その人のサロンでも誕生月の人には割引サービスなどを提供していたのですが、あまり反応がなく手ごたえを感じていなかったからです。

ふと、「うちのサロンでも常連客にサプライズプレゼントができないだろうか？」と思いつきました。いろんなアイデアを考えた中で、やってみたのが更衣室のカガミに誕生日メッセージを書き、ちょっとした粗品をプレゼントすることでした。

やってみると効果は絶大！　とても喜んでもらえてリピート率が高まりました。しかも割引をするよりもコストは安く済んだのです。

このように、他人の成功事例を学んで、新たな施策を生み出せることがあります。**そっくりそのまま真似するのではなく、応用して当てはめるのです。**

もし、先人から学ぶのであれば、彼らの成功の根底に流れる原理原則を学び取ってください。ビジネスや人生に正解はありませんが、原理原則はあるのです。

「本を読んだけど、結局何をすれば良いか分からなかった」という感想をたまに聞きますが、そうなってしまうのは、まさに正解を求めているからです。「自分が何をすればいいか具体的に書いてくれ」というわけです。

しかし、繰り返しになりますが、人生やビジネスには正解がありません。それに、誰にでも合うノウハウなんてありません。Aさんの状況にぴったり合ったやり方が本に載っていても、Bさんは「自分には合わない」となってしまいます。

ですので、**集客や営業の本を読んだりセミナーで学んだりするなら、表面的なやり方ではなく、そこから原理原則を学び取りましょう。そして、自分の今の状況に当てはめて、何をすべきかということを自分で導き出してください。**

成功者の事例を抽象化して原理原則を抜き出し、そして自分に当てはまるように具体化するということの繰り返しです。そうすれば、あなたが新しい正解を生み出すことができるのです。

③試行錯誤の頻度を上げる

正解はお客様に聞けばいい、なのでテストをしようと書きました。

具体的にはどのように聞けば良いかというと、いろんな方法があります。

- **チラシや企画書を作って周りの人に見てもらう**
- **SNSで興味があるかフォロワーの反応を見る**
- **反応を見るためだけのネット広告を出す**

このように、トライ&エラーを繰り返し、フィードバックをもらって、どんどん改善していくことで売れる商品やサービスが出来上がります。また、売れるチラシも出来上がりますし、セールストークにも磨きがかかります。

その時に大事なのはそのテストの頻度です。

1ヶ月に1回テストするより、1週間に1回テストする人の方が早く正解にたどり着きます。1週間に3回テストすれば、さらに早くたどり着くでしょう。

アンケートを取る、チラシやセールストークを周りの仲間に見てもらう、また、見込み客に、どんなサービスがあると購入したくなるか聞いてみるのもお勧めです。それらをもとに、何回も何回も改善していくと、結果にたどり着きます。

ですので、すべてを完璧な状態にしようと思わないでください。

膨大な労力をかけて商品のチラシやページを作ったあげく、いざ世に出したら売れなかった、ということもよくあります。そこまで頑張りすぎたためショックを受けて、すぐにあきらめてしまう人も少なくありません。

成果を出す人は、もっと早い段階でテストをしています。

商品名やチラシのキャッチコピーを思いついたら、すぐにSNSに投稿して反応を見たりします。反応が良ければそれでいきますし、悪ければそのアイデアはボツにするのです。

また、キャッチコピーを名刺に書いて、名刺交換するたびに反応を見ている人もいました。名刺は自分で1パターンを数枚ずつしか印刷しないのです。

提案をするときも、2週間もじっくり提案資料を作るなんてことはしません。ヒアリングした次の日には、とりあえず複数の案を作って見てもらい方向性を固めます。フィードバックをもらう頻度を上げて、正解にいち早くたどり着くようにします。

第7章のまとめ

❶人生やビジネスに正解はない。正解は自分で作るもの。

❷正解を知っているのは、今、目の前のお客様だけ。

❸本気でやればどんな方法でも正解になる。

❹唯一、再現性のある成功法則は凡事徹底・大量行動である。

❺やってみて無駄なことは何もない。
やらなかった時間が無駄になるだけ。

❻試行錯誤の回数と成功は比例する。

❼まずやると決める。そうすればやり方が見つかる。

第8章

急がば回れが一番早い！

［短期的］

80歳でジャズライブをやるという夢

ある時、銀座のライブハウスで、ジャズクラリネット界のレジェンドである北村英治さんの演奏を聞きました。

本人は気持ち良さそうに吹いていて、聞いている人たちは目をつぶって演奏に合わせて体を揺らしています。どちらもとても楽しそうで、素敵な仕事だなと思いました。

その影響もあって、私は36歳からクラリネットを習い始めました。

そのライブの当時、北村英治さんは80歳を過ぎていました。それで私も「80歳でジャズライブをやる」という目標を立てました。44年もあるので、毎日少しずつ練習すれば、たぶん目標は達成できるだろうなと思ったのです。

実際、日々の仕事もあるので、クラリネットは1日10分ぐらいしか練習していません。しかし、1日10分でも、10年もやっていると、そこそこうまくなるものです。素人の余興程度には人前で演奏したりするようにもなりました。

上達には時間がかかっていますが、この夢で焦ったことがありません。80歳まではまだ

まだ時間がありますからね。ライブハウスの狭いステージでクラリネットを演奏している自分をイメージすると、それだけでワクワクします。

そうそう、この原稿を書いているときには、北村英治さんは90歳を超えてライブをリモートで開催されていました。それを見て、80歳でダメでも、まだ10年あるんだなと思いました。

さて、この「80歳でライブハウスで演奏」という目標は、ちょっと極端な例なので分かりやすいと思って紹介しました。

この章でお伝えしたいことは、**長期的に計画するほど目標は達成しやすい**ということです。

逆に言えば、挫折する人の多くは「短期的」すぎるということです。これがメンタルブロックの一つなのです。

うまくいかない原因はこの目標の立て方だった！

ビジネスがうまくいかない要因の一つは、短期間に結果を出そうとして焦ってしまうことです。

「今年中に3千万円稼ぎたいです」「1ケ月の目標は新規顧客20名です」と、多くの人は現実的には達成困難な短期的な目標を立ててしまいます。

うまくいっていないときほど早く結果を出したいと焦るからです。そして、そんな目標はすぐに破綻するので、ガックリ落ち込みます。中には、「取り返さないと！」と、さらに短期的な目標を立ててしまうという負のループに陥る場合もあります。

また、焦ってしまうと人間関係もうまくいきません。なぜなら、出会った方にいきなり売り込んで、嫌われてしまったりするからです。交流会で強引な勧誘をしたり、SNSでつながった人にすぐに営業的なメッセージを送ったりして、その結果、人が離れていき、人脈がまったく築かれないのです。

成果が出せない人の多くの人は、目標達成までの期間設定が短すぎるということです。

なぜ、人は焦るのか？

焦るなと言われたところで、つい焦ってしまう方も少なくありません。

では、なぜ人は焦ってしまうのでしょうか？

なぜ、早く成功したいと思ってしまうのでしょうか？

その根本的な原因は、今の自分自身を否定していることにあります。

「早くこんな稼げない状況を抜け出さないといけない」「早く今の辛い状況から抜け出したい」と、とにかく今の状況が嫌で抜け出したい気持ちが強いのです。

「すぐに成功したいんです！」という人に、「すぐっていつですか？」と聞いたところ、**「とにかくすぐです！」**という答えが返ってきたことがあります。よっぽど今の状況が嫌なのだと思います。

短期的な成功者はいない

しかし、このように焦りながら成功している人を、私は見たことがありません。うまくいっている人は皆さん長期的に考えています。

例えば、友人でマーケティング・コンサルタントの田中祐一さんは、**「起業して7年で年商1千万円」**という目標を掲げていたそうです。これは比較的緩やかで達成しやすそうな気がしませんか?

実際には、田中さんは2、3年で数億円のビジネスを創られました。しかし、その後も当初の目標は変えずにいたそうです。

このように、長期的に計画して日々コツコツ積み重ねる方が、過度なプレッシャーを感じることなくビジネスや営業に取り組むことができます。

何度もご紹介している恩師の福島正伸先生の場合は、昔から、**「50歳になったら世に打って出よう」**と思っていたそうです。そして、今でも「一生かけて世界を変える!」と日夜、研修や講演をされています。これは、今の20代、30代の人には、勇気が出る話だと思います。20～30年間じっくり準備できるわけですから。

着実にうまくいく5つのポイント

では、焦らずコツコツ取り組める秘訣はどこにあるのでしょうか。

ここからは、そのための考え方について5つのポイントで解説していきます。

①結果を確信できる期間を設定する

あなたは10億円の宝くじが当たったら嬉しいでしょうか？

おそらく、ほぼ１００％の人が、「嬉しい」とお答えになると思います。

そして、その当たり券を引き換えに行くのが1週間後で、まだお金が手に入っていなくても、その間はとてもウキウキして過ごしているのではないでしょうか。**その時に車に泥水をはねられても、電車で足を踏まれても、上司に怒られたとしても、たいして気にならないと思います。**

仮に、手続きに時間がかかるので1ヶ月後の受け取りということになったとしても問題なくワクワクしながら待てるのではないでしょうか？

では、受け取りが**1年後だったら**どうでしょうか？

3年後だったら？

10年後だったら？

この質問をセミナーなどでしてみるのですが、**多くの人は10億円であれば、3年でも10年でも待てるし、それまでの間は好きなことをして楽しく生きていくと言います。**

さて、それと同じように、ご自身のお仕事で、3年後、5年後、10年後に大成功することが決まっているとしたらどうでしょうか？　理想の売上を達成するとか、トップ営業マンとしてものすごい年収を稼いでいる未来が確定しているのです。ぜひ想像してみてください。嬉しい気分になると思います。

別にそれが1年後ではなく3年後でも良いと多くの人は言います。5年後に成功して年収3千万円なら十分待てるとか、10年後でもギリギリ待てる、と言う人も多いです。

さて、また次の質問です。

もし、10年じっくり取り組んだら、理想の結果に到達しているでしょうか？

この質問もセミナーで聞いてみるのですが、多くの人が到達していると答えます。理想の顧客数を獲得し、理想の売上、理想の年収を得ているイメージがわくのです。**「できると思います」**と確信を持って言ってくれます。5年でもいけるという人も多いです。

だとしたら、まったく焦る必要はありませんよね。たとえ今はお客様が少なくても、このままコツコツと続けていれば5年後、10年後には理想に到達しているのです。そう考えれば、ちょっと気持ちがラクになりませんか？

これはつまり未来への成功を確信できたとき、今の状態を受け入れられるということです。今は、「成功への道のりを着実に歩いている途中」だと認識できるのです。

多くの人は、「すぐに成功したい」と考えるので、逆に成功する確信が持てずに焦って空回りするのですが、長期的な計画を立てることで確信が生まれ、確信があれば焦りが消えるのです。

ぜひ、3年や5年など、確実に達成できそうな確信を持てる期間を設定して取り組んでみてください。

②ステップを踏もう

次に大事なのは、ちゃんとステップを踏むことです。

以前、「セールスしてもぜんぜん売れない」と言う人がいたので、状況を聞くと、その方は交流会やSNSでいきなり自分の商品を売り込んでいました。

彼は成功している人を見て、いとも簡単に商品やサービスを売っていて、イベントにあっという間に何十人も集客しているように見えたので、それをマネしてしまったそうです。

確かに、その場面だけを見たら、ただ声をかけて簡単に売れているように見えるかもしれません。しかし、実際はそれまでにじっくり時間をかけて信頼関係を築いているから、最後の一言でポンと売れるわけです。

例えば、**トップレベルの保険営業マンの方と交流会で会うと、まったく保険の話はされません。こちらが質問するまでは絶対に話をされません。売れている人の多くは、自分からいきなり売り込みに行かないのです。**

また、とある経営者は、一緒に飲みに行ったら、相手に、「何かボクにできることある？」と聞いて、相手のためにできることをやってあげています。

そうやって何度かやりとりするうちに信頼関係ができて、仕事につながったりするわけです。本当はこういうステップを一つずつ踏んでいるから売れるわけなのですが、最後の場面しか見ていないと、いとも簡単に売れているように見えるのです。

拙著『ひとり社長の最強の集客術』で詳述していますがお客様が商品やサービスを購入するまでのステップを、私は「集客の4ステップ」と呼んで、次のように整理しています。

①出会う　②仲良くなる　③検討する　④買う

多くの人は、「②仲良くなる」、つまり信頼関係を構築するステップを飛ばして失敗してしまいます。駆け出しの頃、知名度のないとき、実績がない場合は、本当に少しずつ信頼関係を構築していくしかありません。実績も一つずつ作っていくしかありません。

ステップを一つひとつ踏んでいきましょう。

③今できることをやると人生が変わる

そして大事なのは、今できることをやる、ということです。

友人の水野浩志さんは、インターネットが普及し始めた頃にサーバー事業で一発当てようとしました。

とにかく急いで成功しようと焦って、あまり細かいことを確認せずに開発を任せて、資金を大量に投入したのですが、サービスがなかなか軌道に乗りませんでした。結局は資金だけがどんどん減っていき、ついに事業をたたむことになりました。

残ったのは借金1千万円。つながりのあった人間関係の多くも失ってしまいました。

焦った彼は一発逆転を狙い様々なビジネスに手を出しますがことごとく失敗し、借金は1千5百万円まで膨れ上がりました。

追い込まれた彼は、ようやく今までの生き方が間違っていたことを受け入れ、今できる目の前のことを一歩ずつやっていこうと決めました。

そこで、まずは生活を安定させるため、警備員のアルバイトを始めました。今までの彼であれば、バカにして決してやらなかった仕事です。

同時に、日々の生活習慣を立て直すために「禁煙」に取り組みました。

禁煙に成功したところで何につながるか分かりませんでしたが、その時はそれしか思いつきませんでした。そして彼は、コツコツと取り組むことで禁煙に成功しました。

次に彼は、禁煙のプロセスをブログやメールマガジンで発信し始めました。

そして、その読者の中で禁煙に取り込んでくれる人を募り、一人ひとり丁寧に関わって行くことで95％の人に禁煙、減煙してもらうことができました。

そこで彼は禁煙セミナーを開催することにしました。これまでの彼であれば、ここで焦って一度のセミナーにたくさんの受講生を集めるところでした。しかし、今回はコツコツ実績を作ろうと思い、セミナーに来た人全員が禁煙できるように少人数制にして、一人ひとりに丁寧に関わりました。そして、参加者の8割の人に禁煙やそれ以外の悪習慣からの脱出に成功してもらうまでになりました。

その実績を、彼のブログを通して発見した出版社から連絡があり、**なんと書籍を出版することになりました。**

そうこうしているうちに、次は、「どうやって8割の人を行動させたのか？」と、同業の研修講師やセミナー講師の人から質問を受けるようになり、参加者に成果を出してもらうためのセミナーの構築方法を教えるようになりました。

2時間から始めたそのセミナーはやがて1日のボリュームになりました。プロ向けですので参加費は1日で6万円です。**そのセミナーも実績をコツコツ積み上げていき、20人の枠が毎回満席になるようになり、その受講生の依頼で研修カリキュラムのコンサルティングも行うようになりました。**

さらに、そこで出会った研修講師のつながりで研修会社からも声がかかって、企業研修の仕事もするようになり、講師として生計が立てられるようになりました。

水野さんは今でも研修講師として活躍しています。「禁煙」という小さな行動をやってみたからこそ今の彼があります。

今できることを丁寧に一つひとつやっていくと必ず道が拓けるということです。

一発逆転を狙わず、小さな一歩を大事にしてみてください。

④一生かけてやる価値があるか？

ここまで、「焦らずにゆっくりやろう」ということをお伝えしてきましたが、「そうは言っても10年も20年もやってられない」という方もいると思います。

しかし、本当にそうでしょうか？

例えば、難病の治療薬の開発であればどうでしょう？　想像してみてください。あなたは、今まで治らないとされてきた難病の薬を作るのに、人生のほとんどの時間を費やしてしまいました。そして、人生が終わる頃に、とうとう薬の開発に成功しました。

その時にどう思うでしょうか？　「他のことが何もできなかった」「もっと早く成功したかった」と思うでしょうか？　そんなことはないと思います。**「充実した良い人生だった」**と思うのではないでしょうか。

きっと、あなたが今携わっている商品やサービスには素晴らしい価値があり、たくさんの人を幸せにすることができると思います。あなたがその仕事を始めたときも、そういう使命を感じたからではないでしょうか？

それに一生かけるというのは大げさですが、少々時間がかかってもやる価値のあるお仕事を誰もがされていると思います。もし、今はそうでなかったとしても、そういう仕事に出合えるに違いありません。

誰かのために10年、20年という時間を費やしたとしたら、それはとても良い人生の使い方だと思います。

⑤人生100年時代を楽しもう

本書で最後にお伝えしたいことは、

「早く成功していったいどうするの？」

ということです。

私の知り合いにはお金持ちの家に生まれて、働かなくても生きていける人が2人ほどいます。その両人とも悠々自適に暮らして、何もしていないかというと、まったくそんなことはありません。常に新しいことにチャレンジして失敗したりしています。それはビジネスであったり、ボランティア活動であったりさまざまです。

やはり、いくらお金に不自由しないとはいえ、遊んでばかりで何もしないということには人間は耐えられないのでしょう。お金があってもなくても、結局、やっていることは同じだなと思いました。

成功しても人生は続くのです。そう考えると、早く結果を出すことにそれほど意味があるかどうかは疑問です。

やはり人生において楽しいのは、達成することそのものではなく、それまでのプロセスです。

私は起業当初は売上が上がらなくてすごく大変でした。でも今考えると、あの時が一番面白かったと思います。あのスリルは今はそれほど味わえません。

また、営業マンに聞くと、難しいお客様をどう攻略しようかと試行錯誤しているときが一番楽しそうだったりします。

ですので、**なかなか結果が出なくて焦ってイライラするときは、一度深呼吸でもして、ゆっくりこのプロセスを楽しもうと考えてみてください。**

長い人生においては、**結果が出る瞬間より、結果を出そうと試行錯誤しているプロセスの方がずっと長いのです。ですので、プロセスを楽しめる人が一番幸せになれます。**

早く達成するのではなくどう楽しむか。
充実した人生を！

第８章のまとめ

❶焦るのは今の自分を認めていないから。

❷短期的に考えている成功者はいない。

❸人生を変えたければ、目の前のことを着実に取り組む。

❹どうせ成功するのだから、今の状況を気にする必要はない。

❺一生をかけても価値があることに挑戦する。

❻人生１００年。その道のりを楽しもう。

おわりに

本書は、私自身が売ることで苦しんだからこそ書こうと思いました。

私の起業1年目は数百万円の大赤字でした。このままで生きていけるのだろうかと不安でいっぱいで、ずっと胃の調子がおかしかったことを覚えています。

私は当時、「インターネットを使えば何でも売れるだろう」と安易に考えて会社を辞めました。しかし、実際はまったく売上が上がりません。

セミナーを開催しても大きな会場に参加者はたった1人だけということもありました。法人の新規事業コンサルティングもやりたいと思っていたのですが、どこでどうやってクライアントに出会えるのか見当もつきません。もちろん契約はゼロです。

私は、本当に営業や集客が苦手でした。断られることも怖いし、嫌われたくないので自分の商品をお勧めできません。

そして、「売れていない」ということをとても恥ずかしく感じていました。だからと言って一生懸命に営業や集客をしようとはしませんでした。それもカッコ悪いと思っていたからです。勝手に売れるようになるという非現実的なことを夢見て何もしなかったのです。

しかし、見栄を張るだけで何もしないでいると、ジリジリと銀行口座からお金が減っていくばかりです。周りには同じようなことをして売れている人はたくさんいるのに、自分の何が悪いのかさっぱり分かりません。

「せっかく独立起業したのに、自分はもうサラリーマンに戻るしかないのか？」

と焦りと絶望感で夜も眠れない日々が続きました。


この時、私は「売る」ということをまったく学んでいませんでした。

というのも、当時の私は「マーケティング」などというカタカナ用語を見て、てっきり「必要のない商品を無理やり買わせる技術」なのだと勘違いしていたからです。

しかし、「自己流でやっていてはうまくいかない」とようやく気づき、営業や集客を学びに行きました。関係ないと思っていた「○○マーケティング講座」などという名前のセミナーにも行ってみました。

そしてすぐに自分の間違いに気づいたのです。

売るというのはお客様に寄り添うことなのです。「集客」や「営業」や「マーケティング」

など、言葉はいろいろあっても本質は同じでした。そして、それまで自分がやっていたのは、独りよがりの押し付けだったのだと気づきました。

そこから、営業や集客をしている人を見る目が変わりました。

「簡単に売っているように見えて、お客様のことをちゃんと考えて提案をしているんだろうな」

「笑顔で対応しているけど、理不尽なクレームを言われることもあるんだろうな」

「これだけ長く売れているということは、サポートをしっかりしているんだろうな」

と、売れている人の努力と苦労が分かるようになってきたのです。

それに、売上がまったく上がらなかった自分の経験もあって、売ることの大切さを強く実感しました。売ることは大変なのですが、これをやらないと本当に何も起こらないのです。お客様に気づいてさえもらえません。

そして、「売る仕事に関わっている人は本当にすごいな」と思うようになりました。誰もが大変だけど頑張っているのだなと。

そんなこともあって、私もようやく少しずつ売れるようになってきました。

だんだんとお客様から「ありがとう」という感謝の言葉をかけてもらえるようになり、嬉しかったのと同時に驚きました。自分が食べていくためにやっていたことが、他の人の役に立っていると分かって泣きそうなほど嬉しかったです。

中には「営業を頑張っていてえらいね」とほめてくださるお客様さえ出てきました。これは本当に心の支えになりました。

そして、私はいつの間にか「自分は重要な仕事をしている」「頑張っていてえらいよな」と自分で自分をほめられるようになったのです。


本書は、売る仕事に関わるすべての方に、尊敬と感謝の気持ちをこめて書きました。頑張ってくださって本当にありがとうございます。

あなたはきっと素晴らしい商品やサービスを提供していることと思います。

あなたのおかげで助かっている人が多くいるでしょうし、あなたを待っている人が世の中にはもっともっといると思います。

あなたが頑張っているのは、あなたを必要とする人に出会い、幸せを提供したいと心から思っているからなのでしょう。

そのために、日々、大変な仕事をされていて、売れない時の辛さも味わっていると思います。大変だけれど頑張ってくださってありがとうございます。一生懸命に頑張っている姿が本当にカッコ良いです。

売る努力というのは、結局はもっともっとお客様のお役に立てるようになる努力に他なりません。そうやって努力しているあなたが得られるのは、売上や成績だけではなく、お客様からの「ありがとう」という言葉であり、自分自身を誇りに思える気持ちです。

もしかしたら、自分を誇りになんて思えないとあなたは言うかもしれません。

しかし、あなたは尊敬に値する仕事をしています。それは私が保証します。

あなたは本当にえらい！


今回、頑張っているあなたのためにささやかなプレゼントをご用意しました。

売るという仕事にもっともっと誇りを持ってもらいたくて作った、売ることで感謝された人たちの事例集です。

この事例を通じて、あなた自身の仕事にさらに勇気と誇りを持つきっかけにしていただければ幸いです。ぜひ、ご活用ください。

巻末にダウンロードのための情報を掲載しておきますので、ぜひ受け取って下さいね。

そして、多くの人に感謝され慕われているあなたに、いつかお会いできることを楽しみにしています。

今井　孝

読者のあなただけへの特別な特典

誇りを持って自然に楽しく売れた！

売ることで感謝された事例集

売るという仕事の大切さと尊さを実感し、自信と誇りを持っていただくために、この事例集を作りました。売ることで感謝されているたくさんの方々にインタビューを行い、まとめたものです。
ここに登場する人たちと同じように、あなたも多くの人に素晴らしい価値を提供していると思います。そのことを再確認し、もっともっと多くの人を幸せにするためにご活用いただければ幸いです。

- 何がお客様に感謝されたのか？
- お客様が感じる本当の価値は？
- 「売る」という仕事の本質は？
- 営業・集客のテクニックはどれだけ必要か？
- 売ることを通じて本当に目指すべきことは？
- 売れる自分になって何が変わったか？

など、さまざまな観点からインタビューしました。

ダウンロードはQRコードか
以下のURLに
アクセスしてください。

https://www.carriageway.jp/rakuraku01/

※特典の配布は予告なく終了することがあります。

今井 孝（いまい・たかし）

株式会社キャリッジウェイ・コンサルティング代表取締役。

３万人以上の起業家にノウハウや考え方を伝え、最初の一歩を導く。マーケティングとマインドに関するさまざまな教材は3,000本以上購入されている。

誰にでもわかりやすく、行動しやすいノウハウと伝え方で、「今井さんの話を聞いたら安心する」「自分もできると思える」「勇気が湧いてくる」と、たくさんの起業家の支持を集めている。

著書にはシリーズ10万部を超えた『起業１年目の教科書』や『誰でもできるのに９割の人が気づいていない、お金の生み出し方』がある。

らくらく売《う》る人《ひと》のアタマの中《なか》
営業《えいぎょう》・集客《しゅうきゃく》の心《こころ》のブレーキの外《はず》し方《かた》

2023年７月６日　初版発行
2023年９月25日　２刷発行

著　者　今井　孝
発行者　和田智明
発行所　株式会社 ぱる出版

〒160-0011　東京都新宿区若葉 1-9-16
03(3353)2835 ― 代表　03(3353)2826 ― FAX
03(3353)3679 ― 編集
振替　東京 00100-3-131586
印刷・製本　中央精版印刷(株)

©2023 Takashi IMAI　Printed in Japan
落丁・乱丁本は、お取り替えいたします

ISBN978-4-8272-1400-0　C0034